U0689647

紹興大典

史部

光緒上虞縣志校續

7

中華書局

上虞縣志校續卷四十一

雜志一

風俗

虞自漸被帝舜聲教習勤儉安耕織不樂商賈以故內外之辨甚嚴貴賤之分不踰士勤誦讀尊師友廉恥爲尙氣節相高明嘉靖間嚴嵩權傾中外虞人入仕籍者彈章交上首斥其奸至嵩父子有天下容我獨虞人不能容我之語可以概其俗矣萬歷志　鼎革之交趙公銓倪玉汝顧碩功諸公慷慨捐生至以闔門殉節　國朝咸同

上海圖書館藏

間粤匪盤踞虞邑南北兩鄉並起義兵是其忠肝烈性固由鍾毓之奇抑亦秉承者厚風會雖移直道不改今之虞其猶古之虞歟新纂

覽上虞四境東城以外山輝水媚代産文人博帶峩冠彬彬儒雅若夫大江東注直抵甬寍兩岸曠野平疇棊羅繡錯居民多務農業春種秋收終年勤動暇則挾矢張弓各逞騎射故虞邑武科東鄉最盛南則巉巖幽谷土瘠壤磽民苦食力有唐魏儉嗇遺風青山以南寨嶺而北山挺出雙筍之石溪闊於十丈之溝靈秀鬱鍾別開

勝境管溪徐氏世居其地自明迄今甲科鼎盛西鄉俗
尙敦樸崇儉斥奢多致藏蓄而戶誦家絃亦復富而好
禮至於右帶娥江左濱巨海利饒魚鹽有近市之求少
極貧之戶故村民每歲時值炎夏迎神賽會倍極繁華
北鄉山平而遠川瀠而深民趨商賈多致饒裕而貧富
能訓往往敦請名師培植子弟令其人物秀麗獨出冠
時說者謂虞邑有上下鄉之別上鄉土脈深厚俗尙敦
龐下鄉地勢平衍人多秀雅彷之全省其猶浙東之與
浙西歟新纂

明時男卒於十五歲以上值元旦清明冬至日冠女臨嫁日笄拜天地宗祠及尊長萬歷志　國朝男彌月薙髮至七歲以上參用古裝迨就傅入塾卽戴纓帽鮮有計年行冠禮者備稿

婚定於納采頗重信義輕財貨故女家無朝諾夕更男家亦不責荆釵裙布親屬款洽卽數世猶往來焉萬歷志　近時兩家聯姻必先遣媒行禮聘用銀錢釵鐲綾緞視貧富爲差婚帖家長具名取信冠笄有開面盤迎娶有轎前盤娶之後卽日饋送女家則曰冷靜盤其未娶以前

亦有媒氏伴新郎過門者是猶行親迎禮也女至婿家樂戸贊禮男女三請然後扶掖交拜尊長上香擇夫婦福壽雙全者同然花燭又有稱女添妝幼男讀祝拜畢以紅絛帕送入洞房樂婦進觴夫婦並坐於床合卺諸女伴皆盛飾環坐代揭蓋頭袱次日三朝告廟俱遵古禮惟虞俗風氣愛閙新房連宵達旦謔語戲言有傷雅道是在主持風教者禁而止之新纂○按崔志云虞邑風俗好於孩提時輕結婚姻納采又僅以名帖爲憑或躬自手書或挽人代寫於是有長子未娶而夭郎欲移配次子長女受字而殤思以次女抵嫁又有假尊長出名憑空騙誘遂至爭執速訟謹按司馬溫公書儀參以朱子家禮須示名帖一

定款式俾遵照以杜訟端法誠盡善乃近來虞邑婚帖仍不寫明男女長次某名而移配抵嫁之弊尙不至如崔志所云風氣猶爲近古惟富家嫁女務侈妝奩之豐厚貧家許字尤索重金甚有因嫁女而蕩產緣娶婦而傾家者以至窮苦小民老死而不能婚害於何底縉紳先生有能勸導而變化之庶得男女以正婚姻以時焉

○新增

居喪頗循古禮然習於儀文侈酒食以延客用浮屠以超度盛儀從以炫觀又族衆攢食喪家徒事紛擾失休戚相同之誼至溺於堪輿家言停柩不舉有一室數棺或百年無一坏土者殊堪痛憫若夫貧不能葬多於隙地浮厝用草覆棺歲久則骸骨暴露反不如掘壙土掩之

爲得矣參萬歷志備稿新纂

祭則忌日無論貧富皆知行之春秋分家各異禮冬夏至元旦中元除夕家皆祭之餘則婚嫁喜慶亦吉服致祭虞俗常祭率用十簋清明則特牲亦有用少牢者間或墓前肆筵設席用樂戸鼓吹則猶山會之上墳船也參備稿新纂

元旦男女夙興遠近爆竹相應焚香燭拜天地次詣先人遺像所率卑幼拜之然後男女序拜其尊長卑幼亦以次交拜男子盛服詣親友稱賀歲多以酒食相款接曰

歲假凡五日乃畢萬曆志

立春先一日邑令迎春於東郊設勾芒土牛募丐頭裝春官著古衣冠乘肩輿鼓樂導從次日打春破土牛取小春牛以充饋遺備稿

元宵街市懸燈各鄉村社廟賽神以鼓樂劇戲爲供陳設古器奇巧相角亦有於元宵先後爲之者新纂

春社前後各鄉村聚天齊社會旗幟繡東嶽帝像以鼓樂導迎齋戒必虔所至以酒饌相款洽謂之禮拜其迎會之人稱老佛其鼓吹之人號十番相傳明時倭奴入犯

各村團練鄉勇演習隊伍保障一方有警則交相接應
後太平無事遂易戈矛爲旗幟假神道以驅疫亦保甲
遺意也備稿乃踵事增華日新月異乾嘉以來每禮拜畢
三月中望八叉聚各社各旗迎東嶽帝於城中及東西
兩鄉謂之花迎羽葆鼓吹繡幟錦纖高蹺文馬魚龍百
戲約排列三四五里許每年所費甚鉅亦以見風俗之
日靡也新纂
端陽家各以角黍相饋遺設蒲觴屑雄黄其中佩用艾虎
及綵符以辟惡間亦有以是日祀先者採藥禳災競於

午前爲之萬曆志

夏至各具麪爲祀萬曆志

七夕間有宴以乞巧者萬曆志十五日設蘭盆會以祀無主之鬼嘉慶志

中秋夜設酒果於庭中玩月十八日觀潮曹娥江滸萬曆志

重陽親友以餻果相遺祀先如午日好事者間邀朋好登高萬曆志○明車純九日詩江漢飄零一葉萍佳辰風雨暗江亭風流不學龍山醉只愛黃花伴獨醒

冬至祀先用牲醴視常節稍隆惟不拜賀萬曆志

臘月二三十三夜各家祀竈用湯團新增

臘月二十五夜炒米花白豆撒室中謂之徧寶沈奎補稿

除夕換桃符神荼鬱壘灑掃堂室爆竹不絕聲設牲醴祀神祇謂之送歲仍家祭其先夜則羣長幼坐飲歡笑以爲分歲亦有終夜齋坐稱守歲者萬歷志今則分歲後以粳米作團不用湯乾蒸合家長幼以次序食謂之團圓果守歲用巨燭然竈司前或中堂竟夕煒煌新纂○國朝胡銑除夕詩依舊生涯欲啞然不知過此便新年翟公門署宜春字杜老囊留押歲錢瑞氣湖山開雪後歡聲兒女話尊前更無賒望呼如願家世清芬抱一編

每歲六月十月兩期各村迎社神祈年報賽之意也所至

鳴鉦演戲親友聚觀以酒食相款備稿

附丐戶女尼

四民之外有戶以丐稱者例不得與良民等其男女業非四民所業而四民亦恥爲其業至於通良家婚姻之情善爲聯合巧於奉迎女家用丐婦伴送婚家亦用以迎娶萬歷志相傳宋南遷將卒背叛乘機肆毒及渠魁以勦捕就戮餘黨焦光瓚等貶爲墮民散處浙東之寍紹其類有二一曰丐戶一曰郎戶良家吉凶之事男女皆來供役衣服居處特異其制狗頭帽橫幅布裙低屋小房

子孫不得考取入學仕進良民不通婚姻餘姚志　國朝
雍正元年御史噶爾泰題準照山西樂戶削除其籍俾
改業自新與民同例毋得習爲汚賤乃　國家以寬恩
相待而丐戶卒不肯改業自新近又漸加僭亂不惟男
女服飾與良家無別抑且高樓華屋儼若世家矣備稿
近有女尼削髮披緇專於不閑禮義之家假神佛因果紿
誘婦女拜師赴會聽講誦經種種淫邪之說一賺其中
如素帛點墨湔滌不能去於丐戶之外又增一戾萬歷志

謠諺附

謝靈運每出入自扶接者常數人民間謠曰　四人挈衣裾三人捉坐席宋書五行志

夏蓋山石鼓諺　石鼓鳴三吳兵元張憲玉笥集夏蓋山石鼓高一丈徑三尺諺云云憲自作謠曰臨平石鼓不自鳴直待蜀桐魚作形陳倉石鼓載文字徒有鼓形無鼓聲夏蓋之石或自鳴蓋石一鳴三吳兵烏乎三吳十年厭干櫓不緣夏蓋鳴石鼓○沈奎刊補

古語　能積三湖之水可防兩年之旱水利本末

諺　破罔畈無稻蒿城得恰好水利本末

上虞西鄉兩年熟不如稽陰一杯粥水利本末

諺　李樹生黃瓜千里無人家案上虞值明嘉靖三十年李樹生黃瓜此後海上遂

被倭寇之禍
○酉靑日札

古詩　上妃白馬羣山繞夏蓋湖寬江海連三夜月明爭告旱一聲雷響便行船水利本末

頌　縣尉不要錢只有趙子年見名宦趙元齡傳

父老歎　二都破岡畈一夜大雨便無飯水利本末

廢湖辭　三湖鼎峙漢唐開更變桑田民受災若要捐租仍舊貫九重丹詔下天來水利本末

屯田怨　東簿屯田奪我豐年湖也乾田也乾顆粒不周旋兒饑女餓逼相煎朝啼暮哭㳙漣漣眞可憐那般寃

苦何處訴天水利本末

海塘歌　彼海之蓄捍者其誰我有賢守作我石堤萬曆志

水既潤下田彼海旁甌窶汙邪秔稌以穰以食我於無疆萬曆志

興湖歌　虞邑西鄉鹹土如霜雨澤愆期禾稼致傷古人憂遠築湖以防謝陂漁浦源深流長夏蓋在後開於李唐民割己田包輸其糧啟閉周密積水汪洋灌我田畝定限立疆維茲有秋禾黍登場含飴鼓腹咸樂年康願言此歌徹彼上蒼沈奎補稿

旱李湖歌　太平治化貞觀初民風熙皞爲何如良農務本勤稼穡荒田盡闢多膏腴雨暘時若穀有餘倘逢旱歲奚防虞里中幸有曹黎氏割田糾衆開成湖東作與時水可儲西成倉廩無空虛願天福佑曹黎後子孫世世同耕鋤湖經

古謠　壞我陂王仲薿奪我食使我飢天高高無所知復陂誰南渡時水利本末

童謠　王外郎築海塘不要錢呷粥湯指王仲遠築海堤事詳見水利志海塘下○水利本末

鄉民謠　三年牀縣尹蓄水甚有準民田無旱澇湖田劃除盡元元貞間事詳見水利志夏蓋西溪等湖下〇水利本末

湖民謠　旱李湖三五里一月晴便見底　湻熙十四年夏旱河無水强民來放湖捉送公廳裏縣宰甚賢明決斷皆循理罰了五千錢荊棍打不數　莫時舉項圭五官放湖定弗許知縣嗔捉豪戸誣罵官解到府太守問招抗拒引出廳頭斷天降雷電雨受過萬千苦水利終弗與湖經

祥異

南齊

建元二年九月有司奏上虞縣楓樹連理兩根相去九尺雙株均聳去地九尺合成一榦南齊書五行志

宋

熙寍十年趙淸獻守紹得上虞劉承詔十世同居狀聞於朝旌表其閭嘉泰會稽志○互見人物傳金石志

明

正德十三年縣譙樓前放生池產蓮一莖兩蕊者二知縣劉近光有碧沼呈祥卷邑人張文淵撰記萬歷志

隆慶元年放生池產並蒂蓮萬曆志

國朝

乾隆十三年俞才六妻王氏壽一百歲具題　旌表嘉慶志

四十三年趙世玉重宴鹿鳴據嘉慶志選舉表

四十七年邑民葛振旗夫婦九旬同堂五代　邑士朱廷和五世同堂七代親見並呈請題　旌嘉慶志

五十五年邑民王瑞臣壽一百歲五代同堂呈請題　旌建坊嘉慶志

嘉慶九年裴恒謙妻潘氏五世同堂七代親見奉　旨給

七葉衍祥匾額嘉慶志

十三年邑民俞格四五世同堂子開秀五世同堂七代親見呈請題　旌給七葉衍祥匾額嘉慶志

十四年邑民劉承文五世同堂七代親見與妻趙氏年踰八旬夫婦齊眉呈請題　旌給七葉衍祥匾額邑民趙士先妻王氏壽一百歲呈請學憲給頤齡淑德匾額嘉慶志

道光二十三年職員謝聘母任氏年踰八旬五世同堂呈請題　旌給匾額備稿　監生谷連元年八十二歲五世

同堂有子一人孫四人曾孫六人元孫一人浙撫劉韻
珂題 旌給匾額新增
咸豐三年諸生沈日宣重遊泮宮呈請學憲萬青藜題
旌給泮水耆儒匾額時年八十一有子八人孫十三人
曾孫五人備稿
四年副貢徐樹丹重遊泮宮呈請學憲萬青藜題 旌給
匾額新增
八年歲貢鍾斌年八十歲重遊泮宮 賞六品銜新增
同治二年歲大熟麥禾棉倍收俱以爲中興氣象新增

光緒元年監生朱新增繼妻石氏五世同堂呈請題　旌
給匾額新增
七年歲貢生孝廉方正王璲重遊泮宮呈請學憲張澐卿
題　旌給匾額新增
八年麥禾並穗新增
九年增生嚴西書重遊泮宮呈請學憲祁世長題　旌給
芹茆重賡匾額新增
十二年職員顧瑛妻袁氏五世同堂七代親見呈請題
旌給匾額新增

十五年小查湖蓮開並蕊新增

十六年歲貢韓文熙重遊泮宮呈請學憲潘衍桐題旌

給泮璧重芳匾額新增

十八年　誥封資政大夫胡鎮年九十歲妻王氏年九十

一歲夫婦齊眉五世同堂新增

十九年牛步村麥生雙穗新增

二十一年三品封職連仲愚妻陳氏年九十一歲親見七

代五世同堂有子六人孫十人曾孫十四人元孫一人

呈請題　旌給匾額新增

案虞邑五世同堂暨五六世同居年登大耋未請旌者舊志多失載今据採訪所及自國初以迄近時略按時代先後增補於左其書現年者據辛卯年初次採訪冊也迄今又歷七年存歿無從訪核仍照原冊登記

順治朝　陳懋德年八十九歲五世同堂　徐汝梅年九十五歲

康熙朝　徐元芳年九十五歲　徐熹年九十一歲　徐球年九十歲

章君錫妻曹氏年九十八歲　許樾繼妻張氏年九十三歲

乾隆朝　俞奎文六世同居男女一百六十餘人共爨而食上下和穆內外無間言　黃仲龍妻李氏年九十歲五世同堂有子二人孫八人曾孫十二人元孫二人　周作雲年七十七歲五世同堂

嘉慶朝　金士清年九十五歲　朱作賓年九十四歲　徐士櫝年九

十三歲　張錫三妻龔氏年九十一歲

道光朝　監生賈煊妻丁氏年九十三歲五世同堂　子九韶繼妻石氏年九十二歲五世同堂有子四人孫四人曾孫七人元孫二人　王殿宰妻丁氏年八十五歲五世同堂有子五人孫十二人曾孫二十五人元孫一人　糜元昇年百有四歲　王大俊年九十六歲　任在田年九十六歲　郭鳳標年九十六歲　潘斗文年九十六歲　王式南年九十三歲　潘景初年九十二歲　葛見心年九十一歲　鍾振年九十歲　朱光照年九十歲　徐仕成年九十歲　張荆輝繼妻陸氏年九十四歲　王存惠妻陳氏年九十歲

咸豐朝　羅性元家男女五十餘人五世同堂　王世亘妻張氏年八十六

歲五世同堂　丁上高年九十四歲　王存孝年九十三歲　戴必顯
年九十三歲　陳福年九十三歲　章淪年九十二歲　龔茂順年九十二
歲　沈可銘妻　氏年九十三歲　連聲金妻鄭氏年九十一歲

同治朝　監生宋其芹年八十二歲五世同堂　鍾文吏年九十五歲
丁漢龍年九十五歲　駱文貴年九十一歲　連聲佩年九十歲　徐
元誠年九十歲　馬元龍妻許氏年九十八歲

光緒朝　監生俞照年九十一歲暨繼妻王氏五世同堂並七代親見有子六
人孫九人曾孫十三人元孫三人　監生沈清仁年九十歲　監生竺貴繼
妻程氏五世同堂子三人孫六人曾孫八人元孫一人　金鑑遠妻張氏年九十四

歲五世同堂有子四人孫十人曾孫二十一人元孫六人　監生徐炳奎年八旬餘五世同堂　王曾贍妻厲氏年八十歲五世同堂　馮萬元年九十八歲　貢生梁國楨年九十四歲　陳洲年九十歲　王淸濂年九十歲　徐元旦年九十歲　王新產年九十歲　汪來富現年九十四歲　周宗達現年九十一歲　任國璋現年九十歲　蔣學寶現年九十歲　朱俊茂年九十七歲　戴紀成妻孫氏年百有二歲　張朝陽妻陳氏年九十五歲　王善慶妻陳氏年九十四歲　陳維誠妻杜氏年九十四歲　王蘭芳妻周氏年九十三歲　王啟賢妻倪氏年九十二歲　經維垣妻夏氏年九十一歲　謝述堂妻沈氏年九十一歲　章天保妻

陳氏年九十歲　金國泰繼妻王氏年九十歲　丁清妻曹氏現年九十二歲　趙炳山妻董氏現年九十歲　監生鍾浩妻王氏年九十歲　黎錫章妻陳氏現年九十一歲　周成斐妻葛氏年九十六歲　同知銜陳棨妻誥封宜人沈氏年九十歲　王鳴皐妻俞氏現年九十一歲　職員陳登妻謝氏年九十歲　竺國英繼妻錢氏年九十一歲子六人孫十八人曾孫十三人　羅步先妻呂氏年九十四歲

右祥瑞

東晉

太元十五年夏鴐山石鼓鳴萬歷志〇王振綱云晉書五行志作吳興長城夏架山有

石鼓長丈餘面徑三尺所下有盤石爲足鳴則聲如金
鼓三吳有兵据此乃長城縣之夏架山今案元張憲玉
笥集有夏蓋山石鼓謡
是上虞亦有石鼓也

太元二十年五月癸卯上虞雨雹晉書五行志

南齊

永明三年大鳥集會稽上虞其年縣大水南齊書五行志

宋

乾道三年八月上虞縣水壞民田廬時積潦至於九月禾
稼皆腐宋史五行志

淳熙四年九月丁酉戊戌大風雨駕海濤敗上虞縣隄及

梁湖堰運河岸宋史五行志
九年夏五月不雨至秋七月上虞旱宋史五行志
紹熙五年七月乙亥上虞縣大風駕海濤壞隄傷田稼宋史五行志
咸淳八年八月一日上虞大水宋史度宗本紀
明
正德七年七月十七夜颶風大作海潮溢入壞下五鄉民居男女漂溺死者以千計萬曆志
嘉靖三年大旱萬曆志

二三年間九龍山中山魈爲害山在梁湖往百官處深窈迢遞十里許無村落而地係七鄉孔道昏夜經過輒爲害後議建張神祠以接濟行旅患遂息〇萬歷志

十四年六月三日火災東自城隍廟西及關王廟延燒至二百餘家萬歷志

十八年大水萬歷志

三十年萬歷志作三十三年李樹生王瓜留青日札

三十一年李樹開桃花見謝讜王子歲紀事

三十三年秋每晡時兩日黑光摩盪可一辰而沒萬歷志

隆慶二年民訛言朝廷選女子入宮數日民間奔娶殆盡

四月初一日未時日食既昏黑星盡見馬牛羊在山野者皆奔歸萬歷志

萬歷三年六月初一夜大風雨北海水溢有火色漂没田廬衝入城河以杖擊之有火星見萬歷志

五年海嘯沈奎補稿○明萬曉詩怪哉異乎夜初寂翻天倒地聲轉劇夢裏魂飛莽莫收胸中似擣還辟易昏寒舌縮不能語披襟坐遲東方白出門但見官河水昨日枯乾今泛溢問之云是豺食龍馳風捲海岸爲坼坼岸潮隨風逆來人家近海尤堪哀夜半喧豗勢若崩嘯聲疑觸天門開醒來盡在波濤裏墻傾屋卸啼新鬼簇簇長蛟急莫分須臾平地如游蟻吮血磨牙慣食人人自心酸蛟自喜至有拔宅入魚鼈開闢有人從此絕吁嗟感泣淚如决洒向洪波盡成血遍野禾黃黃過雲潮汐往來猶未澈眼前已自苦顛連去後將何延歲

月況乃赤日懸如火縱不被潮田亦剽
洪水當年望樂功矯詔發粟胡不可
十五年七月二十一日風雨大作屋瓦亂飛梁柱垣牆傾
圮漂没者無算合抱之木盡拔平地水湧數尺早禾方
熟盡落泥淤漂去萬歷志自秋雨至冬至始晴大饑乾隆府志
十七年旱湖河溪澮最深者亦盡涸田圻禾焦升斗無入
民剝草根樹皮以食萬歷志
二十六年虎肆害甫昏輒從西南水門入咆哮衢巷人盡
畏避縣官戒獵徒擒之不能得後於東門外畈之叢薄
處獲一虎而人亦有重傷者萬歷志

三十二年十一月初九夜地震屋宇搖動甚有傾倒者萬歷志○明陳繼疇詩仲冬熙熙如仲春翔陽戢翼噓重雲驕陰乘陽出未得欲雨不雨蒸絪縕鉤星漸舒開管鑰海水周流波相薄蟾蜍張口候儀動一龍機發銅丸落是時漏點方二更六街闃靜無人行篝燈燕坐酒初醒忽聞四壁聲錚錚恍如空中旋磨蟻又似弄舟江心裏屋瓦紛飛水自波千門萬戶重重啟宿鳥繞枝棲不定兒童喧呼聲相應爭言無處可容身嗟爾媼神何太橫由來地道貴安貞一陽之月宜上行歷北而西三萬里胡爲偏向東南傾東南虛自稱樂土男耕女織多愁苦災來有基豈偶然茲理雖微聊可覩君不見周幽王三川地震須臾亡又不見漢文帝地震山裂成至治片言能使天意回轉妖爲祥歷可紀方今聖德邁唐虞羣工歛翼無專蹄漫言天變不足畏涓涓不止成江湖避殿減膳亦徒爾貢琛獻瑞何其誣一自鯨波沸東海西川跋扈又數載徵調頻年物力微奚堪榷酤復開採長狐乳虎何咆哮鑿山煮海皆民膏膏盡髓竭命不保九閽

欲叩君門高君門高兮不必歎但願君心恤
災患一朝赫怒烹宏羊二儀順軌方儀奠

天啟四年十月地震康熙志

崇禎元年正月朔日食風霾七月二十三日颶風大作拔
木發屋海潮大進塘堤盡潰自夏蓋山至瀝海所人淹
死者以萬計康熙志

五年大旱七月前江十都地潮水曲割竟通夏蓋湖鹹水
直注餘姚康熙志

國朝

順治三年夏大旱五月二十六日太白晝見七月大風拔

木海潮入禾稼淹腐康熙志

十六年閏三月初一日羣龍戰鬭大雨雹倏忽高尺餘細者如彈巨者如拳更有巨如石臼者人畜多擊死菽麥無收康熙志

十八年四月李生王瓜三月旱至八月始雨八都塘壞鹹水入河康熙志

康熙三年八月初一日大風雨海塘復壞潮入禾稼無收

十一月有大星見東南方氣白如練康熙志

七年六月十七日戌時地震七月地上生白毛康熙志

九年六月大水十年大旱青蟲食稻康熙志

十七年夏蓋山崩据范蘭三烈婦傳曹江集作十五年誤

十八年大水嘉慶志

三十年大旱九月十一日大風海塘壞潮溢七鄉虎入縣城沈奎補稿○范蘭詩猛虎居南山磨牙出衢路路人別毛色記識殆無數饑號急搏拏暇待白日暮風生翠嶺潤行子勿得渡城邑衆所喧入行目如炬哉宣化坊官鼓鳴至曙故來恣游戲夜雪遺跡去

雍正元年大旱歲無收嘉慶志

乾隆二十年大水外梁湖塘隄潰決嘉慶志

三十五年大水禾稼盡壞嘉慶志

嘉慶六年七月十五日大水外梁湖塘堤石閘大決水淹

半月禾稼盡腐嘉慶志

九年大水傷稼嘉慶志

十三年六月初五日城中火知縣崔鳴玉令民置水龍二存城隍廟備救火用○嘉慶志

二十五年秋大水沙湖塘決禾稼淹腐備稿

道光十三年七月大水冬雨雪四十八日新增

二十一年冬平地大雪積三四尺備稿

二十二年六月朔未刻日食既備稿

二十三年二月至三月西方有白氣一道日没卽見或曰太白見備稿

二十六年夏旱六月十二夜地震先是訛傳有妖物如貍入夜祟人民間放火礟鳴鉦鼓達旦喧嘩無一家得安枕或云旱魃或云黑眚莫辨其怪備稿五月二十二夜錢玫家擊一紙貍背白面黑長數寸中鉛子凡六處貍頭長觜當口處揷一雞毛當心塗以硃砂遠近傳觀新增

二十七年十月初五夜地震備稿

三十年歲饑斗米五百錢八月十四日風雨大水江塘壞

沙湖塘决無量閘圮平地水高數丈城中水高六七尺備稿

咸豐二年四月至七月久旱十一月初六夜地震備稿

咸豐三年三月初七日戌時地大震初八日復震六月海潮泛溢禾稼淹腐備稿

四年六月曹娥江有物如牛或云海牛備稿

六年八月蝗知縣劉書田禱於劉猛將軍并諭各鄉迎神設法收捕劉書田捕蝗神異記畧咸豐丙辰夏秋不雨至八月蝗入浙境山會蕭餘傳有蝗至余急諭各鄉堅如蝗飛入率農民嚴捕一日坐廳事忽聞城外鳴鉦聲爆竹聲家人譁曰飛蝗過也余出廳仰視如

敗絮蕩空幾蔽天日因思救荒諸書載捕蝗法雖備惟買蝗最爲便捷即出示定價收買設局署東明日老幼男婦挈筐攜簍負袋荷肩而來者絡繹不絶余令按次秤稱給錢就其所持之器投入熱釜中開大坑掩之一日或三四千觔或五六千觔約八九日賣蝗者漸少尤恐蝻子遺害也又出示收買定價斗四百文前後約買十餘石賣蝻者亦漸少竊幸蝗災可以永除孰知暗集於山陬海澨足跡所不到處次年三月盡行出土余出示收捕如前法並勸殷紳就近收買殆盡然柴蓬叢密中偶一撥尋如蜂聚蝗屯人力竟不能施余思劉猛將軍驅蝗神也禱必有應齋戒往迎於楊家溪至邑廟中使有蝗村堡徧迎焉神經過處閱兩日有報蝗去者余詢其狀十九都紳民僉曰迎神前一日有鳥鴉數千百隻飛滿山巔及神到日遠望山上火光騰起如霞次日蝗即不見又下管鄉等處紳民言其狀曰月夜見蝗飛起高與樓脊齊凡兩夜蝗即不見尤可異者西北近海草蕩蝗集於亂茅荒蘆之上如麻辦然余親率農夫攜筐袋往至則日已出兒人即飛去頗難著手余令割草

畝餘積稻秆乾柴俟夜燃火人四圍集用帚掃以焚之不意燒至夜半蝗竟不來余遂以手書與紳耆諭以兵家偷營刼寨法先於白晝蝗集之處用竹竿標記選智農令夜間四面排列而進以雙手於草秆中暗中捧取並懸賞格以激勸之閱日差保禀曰蝗無矣余疑其誑差保跪曰官返署之夜風雨交作迅雷自西北來比曉農民奉命往插標徧尋不見蝗亦不知其何以去也後詢紳耆言僉同余曰異哉非神力能若是哉余乃於早不收穫後重修神廟懸匾額陳俎豆以答神貺焉○新增

十一年蘿巖山嘯夜聞兵戈聲彗星長竟天十二月大雪積五六尺是年斗米千錢新增

同治十年三月二十一日未刻暴風自西北起拔木發屋吹墮石坊河舟飛上岸新增

紹興大典 ◎ 史部

十二年閏六月大旱河盡涸新增

光緒三年六月蝗食竹葉蘆草殆盡禾稼無害新增

九年七月二十二日狂風掃地屋瓦羣飛合抱之木皆拔潮水溢塘濱海居民饑時知縣唐煦春照會邑紳經元善等於上海籌賑公所募捐賑濟用錢一萬八百七十千有奇○新增

十三年元旦雷秋冬久旱疫新增

十四年四月訛言雞翼生爪食之斃民間殺雞殆盡秋大疫新增

十五年七月二十七日蛟水暴發衝壞塘堤廬舍橋梁無

數八月至十月淫雨四十七日晚禾腐饑民四起賑濟始安是歲浙東西同被水巡撫崧據實上　聞設法籌賑先後派撥上虞帑銀八百兩盃紹台道吳引孫復捐廉二百元知縣唐煦春會同紳士就地勸捐接濟西北鄉冬春二賑報銷用錢一萬一千五百餘緡動支積谷九千九百七十石有奇又邑紳經文親查貧民戶口核實散賑計錢四千二百餘緡粥廠及撫恤孤寡洋一千六十八元零以工代賑洋一萬三千三百十五元零錢四千四百餘緡○據縣冊

右災異

軼事

漢

魏宗伯陽之子仕魏朝爲將軍封於段干子抱朴

越州上虞縣曹孝女墓在江岸上有大木二株一榮一枯榮者枝幹宛轉枯木外若抱父尸之狀泊宅編

晉

梁山伯字處仁家會稽少遊學道逢祝氏子同往肄業三年祝先返後三年山伯方歸訪之上虞始知祝女子也名曰英臺山伯悵然歸告父母求姻時祝已許鄮城馬氏弗遂山伯後爲鄞令嬰疾弗起遺命葬於鄮城西清道原明年祝適馬氏舟經墓所風濤不得前英臺聞有山伯墓臨塚哀慟地裂而埋璧焉馬言之官事聞於朝

丞相謝安奏封義婦塚寧波府志

謝太傅墓碑但樹貞石無文字蓋重難著述之意劉賓客佳話

荆州刺史殷仲堪布衣時在丹徒忽夢見一人自說己是虞人死亡浮喪飄流江中明日當至君有濟物之仁能見移著高燥處則恩及枯骨矣殷明日與諸人江上看果見一棺逐水流下飄飄至殷坐處令人牽取題如所夢即移著岡上酹以酒飯是夕又夢此人來謝恩搜神後記

興寧中沙門竺法義住始寧保山後得疾積時攻治備至不減日就綿篤遂不復自治惟歸誠觀世音如此數日

晝眠夢見一道人來候其病因爲治之刳出腸胃湔洗藏腑見有結聚不淨物甚多洗滌畢還納之謂義曰汝病已除夢覺衆患豁然尋得復常述異記

南北朝

謝靈運鬚美長過膝臨刑施爲南海祇洹寺維摩詰像鬚寺中寳惜後天寳中宮娥鬬草有取此鬚當草用之者人莫識遂大勝纂異嘉話○案嘉慶志載有謝靈運少聰慧一條種種謬誤刊誤駁之今刪

王晏字休默爲上虞令起兵攻孔覬覬率千餘人趨石瀃嵴山村人縛送晏晏斬之東閤外嘉泰會稽志兼南史孔覬傳正統志○案

孔覬舉兵會稽是非難定不可遽以爲反胡三省注通鑑已爲昭雪晏之斬覬貪富貴耳豈得與覬之清廉鯁直較乎舊志列晏名臣傳除斬覬外別無可紀沈奎刊誤駁之是也今刪晏傳而以斬覬事入雜記庶不至涇以渭濁

孔祐隱四明山見山谷中有錢百斛視之如瓦礫樵者競取之入手即成沙礫有鹿中矢來投祐祐爲養之瘡愈而去 南史

永光元年四月有大魚十二尾入會稽上虞江大者近二十餘丈小者十餘丈皆暍岸側百姓取食之 南齊書五行志

唐

建德縣令李維燕少持金剛經唐天寶末爲餘姚郡參軍秩滿北歸過五夫店屬上虞江埭塘水竭時中夜晦冥四面無人維燕舟中有吳綾數百疋懼有不虞因持一劍至船前誦經三更後見堤上兩炬火自遠而至維燕疑是村人衛己火去船百步便却復回心頗異之益厲聲誦經時塘水竭而塘外水滿維燕心念塘破當得水助半夕之後忽聞船頭有流水聲驚云塘潤數丈何由得破久之稍覺船浮及明河水已滿對船所一孔大數尺乃知誦經之助云廣異記

本邑昔有雁爲人治田春啣拔草根秋啄其穢縣官禁民不得妄害久而無之後名其地爲雁步十三洲記

後嶴在十三都有白鶴每日辰巳時遙望若二白鶴舒翼而舞或一或二或上或下或有日白變而蒼陰雨時則不見至視之惟有白水二穴萬歷志

宋

漁人於曹娥得一鯉腹中有小玉印宫門張提舉獲之以獻高宗曰此我故物也手鐫德基二字建炎避敵墮海中今四十五年矣不謂復見萬歷志

上虞縣人家有奚奴多方術向空長嘯則羣雀來萃夜哭蛺蜨悉死於側異苑

李莊簡知宣州賊兵百道來攻光隨宜應之賊急攻南壁咸負戶而登守者束薪芻灌以油作火牛乘風投之盡爇賊所負其衆披靡城中遙見昭亭山神數現人必益安寶慶會稽續志

寍國府志云戚方自廣德入知州事李光得衛士三百人授之方略守禦屢捷然圍輒未解有來告曰日來兵仗間神物出現變化無常公率僚屬往視皆龍形爪鬣畢

具光彩奪目忽有一巨者躍上光衣升至肩肘若以意
譆賊兵尋遁去時大將巨師古來援光宴次語及巨手
加額曰此三聖也長賀息次遊弈三金甲並爲眞君廟
食邊陲現則我勝乃勸公立祠祀之
李孟博莊簡公光之子也苦學有文紹興五年進士第三
人及第莊簡南遷隨侍至貶所遂卒於瓊州未卒數月
前忽夢至一處海山空濶樓觀特起雲霄間有軒榜曰
空明先世諸父皆環坐其間顧指其一曰留以待汝既
寤知非祥也未幾遂屬疾臨終有雲氣起於寢冠服宛

然自雲中冉冉升舉瓊人悉見之莊簡悼子詩脫屣塵寰委脫蟬眞形渺渺駕飛煙丹臺路杳無歸日白玉樓成不待年宴坐我方依古佛空行汝去作飛仙恩深父子情難割淚滴千行到九泉〇雲谷雜記

南宋自高宗至度宗上虞登甲科者二十八人金紫之盛他邑莫比曹江集〇案此專屬趙氏

元

陳子翬元至正二十四年乙巳修邑志時張啟元以築城至貽之以詩句云舜禹遺蹤歷可觀風流江左晉衣冠曹朱盡孝捐軀命劉李輸忠吐肺肝月旦有評淸議重起居無錄史書難憑君直筆傳疑信招取文章久遠看明邑令徐待聘修志

亦當乙巳事適相符萬歷志

明

洪襄惠之祖有恆本名武昌居縣東門外社有迎桑神祈賽者暮笥赤石夫人祠武昌持杖大詬曰疾風暴雨不入寡婦之門神雖土偶可男女混耶悉擊碎之時明太祖稱吳王吳武音近社中相訐以爲名犯國號達於南京太祖問知其詳直武昌且[illegible]是朕興之兆也賜名有恆赦之歸有恆至錢塘西溪樂其土風曰吾終不可與鄉人處遂家焉再傳而生襄惠今其祖父墓在新通明

堰之北山府志言襄惠隨父贅杭誤也萬歷志

趙琴課餘卮言云吾邑貝秉彝爲東阿令有老嫗控子素履无咎爲虎所咥貝錄其詞告神曰某將以某月日集虎訊鞫至期虎果俱至公堂俯伏貝曰不咥嫗子者去衆虎皆去惟一虎獰然不動貝責之曰殺人者死汝知之乎虎肯其首貝曰嫗子將以待老汝能爲之子以養其母貰汝罪否則當死虎又首肯者三其後嫗有所需虎輒取給嫗卒虎亦觸石而斃至今東阿有義虎亭

陳韶字九成洪武初陞廉州府教授謝表有殊字洪武怒

以其歹朱侮我遂編成廉州陳氏譜

陳金以行人使安南安南舉宴有蒸魚目珠旋轉不已陳直取食其目蓋魚味在目甚美也又有竹大如五石甕而葉極細如箭以數節置席前問曰大國有竹如是乎陳預以青箬葉置書冊中令取葉示之曰竹不可攜正有葉裹他物者可以相驗安南大駭萬歷志

陳禧有膂力與苗人戰持雙刀各重十餘斤一日誤墮塹下賊臨之以刃塹高數丈陳躍而上賊以刃斫其胄傷首血流至踵復殲賊奪馬而歸萬歷志

凡軍衛掌於職方而勾清則武庫主之有所勾攝自衛所開報先覈鄉貫居止內府給批下有司提本軍謂之跟捕提家丁謂之勾捕間有恩恤開伍者洪武二十三年令應補役生員遣歸卒業宣德四年上虞人李知道充楚雄衛軍死有孫宗皐宜繼時已中鄉試尚書張本言於帝得免如此者絕少戶有軍籍必仕至兵部尚書始得除明史兵志

朱袞善草書筆法遒勁尤工大字嘗以水部郎使杭遊西湖醉中用布濡墨作飛來峰三字世稱奇絕康熙志

朱三峰於宏治戊午登科壬戌發甲伊子朋求亦於嘉靖戊午登賢書壬戌捷南宮重光券合世以爲奇三峰先生行狀

鄭祖法少讀書聰穎年十九鄉薦聯捷南宮居官廉潔供給祇蔬食親戚奴僕俱不堪有散去者後以病告歸杜門著書多與釋家者友易簀之日謂家人曰吾本山東無邊道人今來多這一頂紗帽不久有起官之報矣卒之歲年三十六不數日果有復任之報鄭氏譜

鄭祖法少貧窘年方舞勺適龍坡公來虞還紹公欲附舟龍坡公以其少也許與同上問曾讀書乎對曰已讀時

已矚晦燃燭隨以燭爲題令作一破公應聲云點爾何如容光必照焉龍坡公大欣賞鄭氏譜

羅某幼貧而賤其從叔光祿寺烹人也因抵京詣其所適明太后有儀賓之選叔謂姪曰汝既遠來無以爲歡冀日我置酒於王孫公子間啜之可乎至期峩峩冠帶或自矜持惟羅某心無他求恣意大嚼太后目之語主曰此子坐如泰山食似狼虎能食皇家之食必是有福之人我欲使若尙汝何如主以爲然課餘卮言

倪文貞公七歲嘗隨大父舟行月色皎潔命賦看舟月口

成五絶云憑欄看舟月月看月何須仰水底有青天舟行

月之上倪文正公年譜李鐸府志云公善畫竹石水雲山草

倪文貞公八歲大父敬禮賓師夕必共飲一日叩所講左

傳右尹子革謂倚相不能近知祈招之詩焉能知遠所

謂遠者何指師不能答公從旁對曰卽指上墳典邱索

耳大父嘉之摩頂稱善年譜

萬曆己酉秋七月黄忠端公隨衆赴會城就試不遇返渡

釣龍江舟覆溺水恍惚如遇有一人導之前行至一殿

甚宏敞榜曰倪黄復導而出出乃泊岸衣裝盡溼公大

異姑識其事天啟壬戌選館之夕倪鴻寶亦夢之比揭曉倪第一而公第二兩人各述所夢遂交相得驩甚後忠義亦相類云黃忠端公年譜

倪尚書晚築室於府城南隅窗檻法式皆手自繪畫中堂飛閣三層扁曰衣雲凭欄則萬壑千巖皆在鳥下適石齋黃公至越施以錦帳張燈四照黃公不怡謂國步艱難吾輩不應宴樂尚書笑曰會與君訣耳卽北行遂殉難靜志居詩話

倪文熺爲鴻寶三蘭弟虞俗喪次有避煞之例文熺居母

喪獨寢靈側夜半若有物喧於筵上起視掣劍厲聲擊之物奔越門四重追滅於登雲橋南至今子孫世守其劍無復有避煞者天啟乙丑赴會試值魏璫視學喟然嘆曰刑餘視學千古未有時事如此吾將焉求遂不就試束裝而歸倪氏譜

倪元珙號三蘭館於江西某氏主人庠生而元珙尚儒童心輕之一日元珙率諸弟子遊抵暮而歸主詢其子今日曷遊先生何言對以先生指五公座云此間一坐則可主人掀髯笑曰爾師癡矣頭顱如許一巾未能而作

是想吾將揶揄之至館中曰弟有一課煩先生對之敝地山深不宿無名之鳥珙知其嘲已也艴然怒曰貴溪水淺難留有角之龍不别而行至浙省中式遂聯捷視學江西課餘卮言○案元珙萬歷戊午舉人天啟壬戌與文貞同登進士非聯捷卮言誤

顧九功號心宇性烈心慈列肆於百官鄰有俞某款客偶失銀杯疑僕所盜鞭撻萬狀情極指九功九功愕然驚異憫其僕之哀苦直償不爲辯後臘月移鐏乃獲故物始知僕之謬指也其人愧服顧氏譜

上虞民家婦八十餘夏月風雨大作忽失所在其子追訪

七八日無可蹤跡有樵人見諸蒿山頂上端坐荆棘中問之不語呼其子視之亦無知覺後數月乃復舊留青日札

陳梧狀貌奇偉鬚長三尺遇鄉鄰鬬叱之即解散無敢譁者值秋漲巨浪撲天見一豕出没水面梧即蹈浪挾之登岸明季開府甬東年餘餉不繼親趨嘉興征白糧人苦之糾衆圍之三匝陳酣飲數甌突圍出聲如雷莫敢誰何衆尾之陳乘白騾日行八百里渡水如履平地值騾生駒駒行緩頻顧之陳怒斬駒騾項刻顛踣死徒行數十里至夏蓋湖追及之歎曰事之不濟天也遂没於

陣死後夜聞兵戈擊鬭聲次日起視田禾蹂躪殆徧如是三年居民爲立廟祀之乃定相傳張湖廟神卽梧也采訪册○案此與顧勳傳之陳梧别一人

徐中樞字密侯自號都凝道人其詩有維管有阜六章飲酒和陶淵明十首以及燒刀兒王之明穆義士諸作蓋勝國遺黎也著有爨餘一選爨餘一選

國朝

康熙初邑令張某嘗爲某縣丞適寇至率鄉勇保城寇蜂擁遂登焉鄉勇殲屍山積張見衆寡不敵日且暮不得

已遂僵臥屍中夜忽夢神徧閱屍名及張謂曰汝當死來慶此非汝死所也張心異之究未識來慶在何郡邑後張以報最擢虞邑未幾奉上檄葺城一日詣西城見城樓額書來慶大驚曰此吾死所矣遂嬰疾卒嘉慶志

夏南湖嘗自黃家堰夜歸雲黑星沉路逶迤莫辨躊躇間忽紅光爠爠距丈餘隨行十里將至家而滅館龍游何晉家牀有怪寢者多魘死一日公寢是牀夜分果有美婦盛飾冉冉至牀前公叱曰妖物何得至此忽不見怪遂絕謝海門集

曹之參同居四世有瑞榆連理之奇邑令鄭僑表其楣曰世德鍾祥康熙庚午秋七月姚虞兩邑山崩榆木風折之參遂病卒曹江集

工部尚書趙殿最號鐵巖由上虞遷仁和者三世嘗渡江展先墓肩輿行蕭山道中與縣尉遇呵之避從者怒公遽下輿避之全祖望鮚埼亭集

蕭山張宣綸十五歲以科考第一赴浙省其號舍左壁有詩明遠樓頭漏未終棘牆盲燭照來紅最憐此夜麻衣客病在西場號舍中讀之大驚是年中副車榜未發病

死詢之則是號爲前科上虞徐生所居生中式而以病死是詩其所題也西河詩話

俞一士有膂力夜歸遇虎擒之擲去二三丈許虎遂奔去因名其地曰虎逃衕一日晨出見巨蛇長數丈一士捏蛇蛇纏身一士倒地亂滾蛇死一士不傷即以蛇皮包棍恕庵俞太守聞其勇召以築戛蓋山石塘俞氏譜

陳崑元少時規行矩步不苟笑言歲戊申館姚邑某姓教甚嚴就學者多謹飭一夕挑燈夜坐有少婦乘月至陳堅拒之責以大義婦慙而退詰朝以他故辭歸終不白

其衣履年貌是年遂領鄉薦陳西涯行略

嘉慶七年七月有巨魚乘潮上潮退陷沙中身長不可丈尺計脊高於屋海人刳肉煎油負其骨置瀝海所城北沈奎補稿○王滄之觀巨魚詩海中巨魚吞聲牛鬐鬣矗矗凌山邱奮揚不上任公鉤千里未有如其修一朝失水壅沙磧四海雖濶終難投魚人蜑戶喜大嚼巨緇利刃相爬句作之腊之動千百脂膏狼藉流沙白獨持枯骨置城北血痕斷處暈深碧脊如凹臼肋如杵叅觀嘖嘖驚衆客嗚呼生前已爲蟶所苦死後更誰報河伯反使鯈魚竊笑牛蹏涔道彼大而無當不自知升斗之水鯈可活自生自化同醯雞雖然豈獨巨材易致辱鮑魚臭鮒壓車軸然其漑鬵烹小鮮誰識鵬游北溟天大小死生同一竅彭殤過眼同雲烟材與不材正難處叅破園吏逍遙篇

祥瑞補遺

光緒二十四年貢生谷南林妻李氏壽一百歲五世同堂有子二人孫八人曾孫十人元孫一人　請題　旌給

匾

上虞縣志校續卷四十一　雜志一

上虞縣志校續卷四十二

雜志二

寺觀

等慈寺　在縣治東一里梁天監癸未建萬曆志云邑人王圭捨宅建曰化民院後改上福禪院唐會昌間毀咸通庚辰重建後唐長興癸巳改上福寺宋大中祥符戊申改今額後廢於火長老智策建山門嘉泰會稽志僧咸潤鼎新之慶歷乙酉邑人任元吉施緡錢百萬刻釋迦文佛像太常博士胡昉有記濇熙間頭陀鄭祖一復修視舊加麗東有

鐘樓靜夜鈴鐸遠聞嘉泰癸亥復修學士樓鑰撰記明初毀正統丁卯邑人郭南重建山門萬曆乙酉正殿將圮知縣朱維藩葺治之丙申知縣楊爲棟命僧會司德慶重修

楊爲棟記略寺在縣治東去啓文門數武相傳梁天監初邑人所捨蓋剏於梁沿於唐復於宋其來舊矣百樓拱南五癸繞北殿宇巍峩明堂平曠宮屬爲習朝儀之所歲久而圮今上奉慈聖皇太后命賜藏經宣揚盛典所在緇流鼓化名剎更新而茲獨擱焉未葺即空門老衲習不言陋而金鑾拱座玉漏班朝詎堪列鹵簿而陳儀仗乎虞故僻邑也不佞初佩印綬馳而之邑則堂垣半倒吏曹皆燼蕭然莽蕪間已謁文廟拜庭下則殿廡且就敝視縣滋甚已萬壽偕諸屬及父老子弟習儀於寺則梵宇棟橈視學抑又甚而又數以時絀僅僅剏兩廊以居掾吏葺學宮以安子衿稍以塞司牧者責而茲未之遑也遂舉故所贖材及所餘俸以

屬住持僧德慶者董其役而慶之承若委也勞苦萬狀費有不足而募募有不足而又出己資以助之隻椽片瓦銖累逾年而始鳩工集材易朽以壯代故爲新櫐所破壞不堪者一旦而巨欐傑棟燁然改觀庶幾哉匪祇爲如來眞境其亦可辰拱於上而嵩祝於下也是役也經始於萬曆二十三年二月十九日落成於今功匪細已

庚子僧法澄於正殿後東西各建齋堂乙巳知縣徐待聘拓大之萬曆志參康熙志東西有寺衕爲界置寺房十餘間住持收税爲香火費寺後蔬圃方廣二十餘畝免役法產二十餘畝坐北門畈黎首字號明季爲豪右侵佔崇禎壬午僧會司石明宗訴縣知縣周銓斷還碑記略云自今以後除寺中舊管守田黎字號十一畝二分二釐地化黎兩號十一畝三分五釐八毫五絲而外其前所侵没

而今所清察者計首字號田十二畝一分零化字號地十六畝一分八釐三毫首字號池二畝二分二釐七毫五絲并寺側樓屋數間沿衢歷肆二十三間又捨主丁瑞符有字號田一畝九分四釐七毫悉歸寺僧永作寺産恪遵盜買盜賣之律◎案碑現存寺中舊志未詳附識於此歲久山門圮　國朝知縣朱某捐俸重修殿後觀音堂低窄漸圮雲棲僧瑞峯改創後堂名演法堂另闢齋堂康熙志咸豐十一年樓殿堂廡悉燬於匪僅存山門光緒十一年僧逡賢汾昌募貲建大悲樓材木取於南山深隱菴新纂◎按嘉慶志云寺舊有唐開成五年奚處已書陁羅尼經石幢今在河南岸東首民家菜圃中據杜煦金石記跋云此幢在開成間已稱寺不稱院則稱寺不始於長興矣嘉泰志誤

諸林寺　在縣東七里後唐長興壬辰建後漢乾祐己酉吳越給額嘉泰會稽志有結界記洪武癸未併爲叢林正統志正統後廢　國朝康熙初復建康熙志咸豐十一年燬於匪光緒十年朱履敬歲積寺產租息重建改額珠林新纂

智果教寺　在縣東十里查湖西南驛道旁後唐清泰初建名建福宋大中祥符戊申改今額明洪武間廢未幾復興萬歷志　國朝康熙間知縣陶爾縫有免徭役碑記咸豐十一年燬於匪同治間僧淨桂重建新纂○案明萬歷二十一年知縣楊爲棟搜寺田四畝七分三釐四毫以作學田○宋陳堯佐詩蘿巖山下寺靜境絕過從芳草二三月

碧雲千萬峯窗虛明落日樓迴響踈鐘卻恐重來晚庭前記偃松

明因教寺　在縣東十里地名竹橋俗呼竹橋寺石晉天福五年庚子作三年建正統志開運丁未吳越給額福泉院宋治平丙午改今額嘉泰會稽志○據張立行碑記寺始於晉魏間嘉泰志似未確寶祐間僧壽昌智份拓大之咸淳庚午僧敬重修孫嘉記略上虞距縣東十餘里有地名竹橋有井曰梅仙子眞嘗汲以鍊丹起自漢代考之圖經郎今明因院舊號福泉剏於石晉天福五年至開運間吳越王給額宋治平間改賜今額迨寶祐間比丘壽昌智份革而新之迄今余毋弟僧敬早遊教海晚隱家山思所以善承先志開修門逕展拓規模堂舍整齊廊廡修直實出於前後倡導之誠勒之堅石以示將來○僧敬重修四字據四明山志增入元大德丁未燬延祐乙卯

僧志林重建康熙志　國朝雍正四年僧照空通源重建

後殿舊有莊田百餘十畝雍正十年項旭彰等請縣勒

石開誌號畝知縣張立行記略明因禪寺故福泉道院也東漢梅子眞嘗棲隱於此汲井煉丹人名曰梅仙井亦曰梅泉至今石表巍峩遺井尚在豈非葆眞之靈境歷千百載而不可磨滅者乎其易道院爲僧寺者自晉魏間崇佛始也其易竹橋爲明因者明季時恐廟寺易混而易其名也其地寬閒宏敞竹木交蔭鳴禽上下入其門佛相尊嚴殿庭深邃居人以時瞻禮其間而四方之往來棲息於斯者踵相接也且必探丹井汲清泉慨然想見仙靈之窟宅有高騫遐舉之思焉其足以感發性靈蕩滌滓穢良非偶也夫物之廢興成毁相尋無窮自晉魏至今兵燹之殘毁陵谷之變遷凡宅第園圃竭蹶經營未踰時而爲荒墟蔓草者不知凡幾今此寺歷千百餘年而獨存令人知竹橋舊迹至於今不廢是殆有神物護持俾得留仙蹟以爲普濟衆生

之所豈僅若私建之僧寺可興可廢而不可常者與寺有莊田百餘畝山園器具歷久彌增都人士恐寺僧漸廢其業延僧曰明修爲住持以贍給比邱守其世業并請勒石開載以誌不朽 乾隆四十七年知縣鄧雲龍以寺田八十畝撥入蕺山書院嘉慶十六年僧永茂蕩廢餘產戚堯一等禀知縣李岱追復并勒石永禁寺僧私賣存田五十餘畝山三百餘畝道光間僧蘆舟修葺咸豐十一年寺半毀於匪同治六年僧淨境募修新纂

蓮峯教寺 在縣東二十餘里山峯挺拔環拱狀若蓮花瓣元至元癸酉案即宋咸淳九年萬歷志承元時邑志以至元紀年故不書宋鄉人張

沈何黄四姓糾菴為焚修之所元統甲戌改名蓮峯聖壽寺待制揭傒斯記略會稽姚虞之歧山水逾秀百態層出其山自四明岩嶤起伏若萬馬駐城勢可千里稍東顧見舜江導海若呀然當其鋒於是如怒而卻倉卒結束有不能自已之態大者迅拔而起抗首出臆上薄晻靄小者如驚蛇脫兎駢聚附落而猶顒顒昂昂拱顧不暇有曰蓮峯者凝如顥卓澤如玉溫盤如有容餘峯莫之若也里稱善人者四溥茂張氏志海沈氏立省何氏善修黃氏皆夙尙清靜謂是山以蓮峯名猶靑芙蕖濯淤不染非吾等出塵拔俗之符契匡廬蓮社之表端乎乃湊貲力卜巖左而築焉經始於至元十年初蕞爾一屋蘇歲五閱稟無門開禪師薙染乃聯梵襪乃合心膂繼是土木之功日廣由至元戊寅訖元統甲戌五十有七年其間增衍改觀賛進不止於是丹塗碧甃鬱成寶坊四公校厥績志海居多其若行利人一也因以蓮峯聖壽名其寺寺有田若干畝山與園若干畝誌諸別劵明初廢正統後復糾萬歷

志○國朝僧維一詩多年不到蓮峯寺松桂森
森覆古牆采藥人歸溪上見半篙風度野花香

海會寺正統志作海惠在縣東十五里按在縣東二十五里石晉天福王
寅建後漢乾祐己酉吳越給鳳仙院額宋治平丙午改
今額明初廢萬歷志國朝康熙七年僧慧衡重建康熙志
二十三年被燬徐禹生等籌資移建舊寺對面山窩同
治四年徐英寶等備案請示禁杜爭佔據採訪冊新纂

崇福報恩寺　去縣十餘里嘉慶志云在縣東在大查湖陰元大
德間會稽崇勝寺春谷法師結廬爲崇勝莊後拓而大
之名崇福蘭若元教授許明奎記略去上虞署半舍有大查湖袤三十頃湖之湄有峯來降蜿

蜒如蛇橫湖之中有阜屹然如龜浮湖之外驛道迢迢大江抱流如玉帶列岫對峙其前曰三公山考之地理家撥砂名狀胳合而千百年間挾管郭書卜吉擇勝至於有力負舟楚壑者何限橇蕫累迹烱烱眼光如有所蔽而不見得非天地之所寶鬼神爲之守護不以輕畀於非所得當之人耶谷法師聰慧該洽平生有山川雅志名利非所樂得地於查湖之陰郎其地翦蕪夷坳蒔松竹越大德已亥鑿井開徑結廬一所隱趣日佳又四年癸卯二月豫作歸藏塔於山之膝扃以了幻曰吾繭室既就可以屏世念矣會景德席虛公論强之起凡九年至大辛亥陞寶林振華嚴綱領囑諸孫曰吾夢寐查湖非獨爲已計也堂構之責汝其勉之皆應曰唯迺協心悉力是究是度式廓規制堂室門廡涼燠軒館庖湢齋序次第具舉丹雘明新俯仰照映朝嵐暮雨雪天月夜此時此境身在輞川圖畫中也惟福之崇者居之師會稽人俗姓范年十一出家於雷峯崇勝寺今耄而康强說法不少倦　明初廢　萬歷志

慶善寺　去縣十八里嘉慶志云在縣東南宋景定初居人趙道員捐貲剏名慶善菴元時改爲寺正統志○元方九思慶善寺環翠樓記略越山水佳處匪特剡爲眉目謝公嘗營始寍別業歲代遷更風期悠遠訪其地未得也嘗過許村之靈源既踰嶺山遠而平溪淸而繞憶昔遊有招提在青松綠竹間重扣之長老一初肅人茗飲升丈室登重屋四山如碧蓮葉扁爲環翠徙倚移時有足樂者上人大用爲余歌招隱之章愚於世味久如嚼蠟飛鴻爪跡亦豈有所著耶倘得金粟如來居此室談不二門天花燦燦余衣將不染乎我思古人實獲我心遂爲之記明初廢萬歷志

東資聖寺　在縣東南十五里石晉天福癸卯建名嘉善菴後了禪師改爲壽院嘉泰會稽志作聖壽院宋大中祥符戊申

改今額元尹林希元有記明初歸併明因寺志正統

定善寺　去縣東南里餘宋咸平初安法師與邑人周長者貝居士剏本名南塔寺紹興中莊簡公李光以守墓精舍在大雲裔因申明乞賜額定善厥後精舍已圮其子孫以定善之額移置此寺刑部李知退有記明初廢正統志○元齊唐詩雁級指高冥遙瞻地域靈路尋滄海斷山帶沃州青施食翔禽下鳴鐘百鬼聽支公座無物香篆白蓮經○胡助詩南塔前頭高閣上山光渾是沃州青夜來飛雨穿窗入翠溼華嚴一卷經

化度教寺　在縣東南十餘里石晉天福庚子邑人戴蔵作邵藏萬歷諸志王瑫等請僧義謙建名雲漢院萬歷諸志作雲溪院宋

大中祥符間改今額明初歸併明教寺正統志

湧泉寺　在縣南二十里後漢乾祐己酉建明洪武間併入國慶寺景泰天順間復興嘉靖末廢萬歷乙未建復萬歷志○明徐宏泰湧泉春興詩但卜幽棲適何嫌傍梵居客稀花訂友簾捲鳥窺書夢裏常飛蝶閒時好種魚從來苦紛擾不假孟嘗車

栖仁寺　在縣南三十五里唐天復癸亥舊志作天福三年按唐無天福年號今從嘉泰會稽志作天復僧行光嘉泰會稽志作行先建石晉天福壬寅吳越給額明初廢萬歷志　國朝道光三年里人任邦基修復新纂

福眞禪寺　在棲仁寺右乾隆十六年僧德峯剏建新纂

棲禪教寺　在縣南三十五里唐開成戊午建號錢溪院會昌間毀光化戊午重建天復癸亥吳越改爲錢溪羅漢院宋大中祥符戊申改今額嘉泰會稽志明歸併旌教寺正統志國朝康熙間復興徐自任寺田碑記略予束髮時嘗從家君訪古門上人於棲禪寺煮茗燒筍清談竟日後數年予卒業寺之東樓而上人已隻履歸矣其徒孫法參慧而好學梵誦之餘間與登樓而問奇焉今年春予自京歸省法參走告余曰昔祖師之來此山也翦荆棘餐風露者數年稍稍復田若干畝冀得滿五十則勒石以垂永遠齎志以没今嗣爲之二十年田踰五十矣欲丐一言記之以終其志予思法參之爲此固以成祖師之志者也夫釋氏之教以師爲父即以師之父爲祖則法參今日之舉善繼而

善述郎釋氏之孝子慈孫也貿形而爲之人者誰獨無孝慈之良豈於其孝子慈孫之所留貽者聽其滅沒侵削而不爲之守則此碑固足以守之矣遂書以貽之○新纂

澄照教寺　在縣南二十餘里舊在官山西畧唐會昌間毀後唐清泰間天飛鴛瓦於甌峯其地有金沙白石常聞鐘磬聲里人蔡珂等延欣禪師移建其處號涼泉院宋大中祥符戊申改今額有張卽之書林壑尤美匾明初歸併上乘寺正統志參萬歷志萬歷間寺僧法玠重興有中興碑記新纂

乾符報恩寺　在縣南四十里唐乾符丙申建嘉泰會稽志明

初廢萬歷志

寶泉寺　在縣南五十里唐大中癸酉建咸通乙酉賜額明初廢萬歷志　國朝康熙初復興康熙志○釋楫寶泉寺碑記略寶泉者此山之泉也止於雙髻峯下前環隱牛溪左映覆卮頂右帶剡江北隣謝眺其水清冷盈而不溢旱而不枯積雨不變其常故以寶稱之石雨方和尚記云古虞寶泉色味俱佳故古人以此名寺即劉宋時白道猷尊者誅茅地也明洪武初寺經灰燼僧多散去基址已屬宦家萬歷間僧印虛爲復正殿而已屬末期都內善信運材削木磚瓦就畚手遞至寺一夜功成邑侯吳公次早臨勘以爲成功不毁然所屬猶不克已而信官竹鶴鳴先生捐俸金七十五兩贖買興寺此先師所目擊而楫所親聞也復興以來所有田地山塘或檀信所捐或道友所置或常主舊存鑑諸已往并記於石碑後之來者亦將有稽於斯也　咸豐十一年毁於

匪同治間竺瞻箓等請僧靜芳接住募建正殿徒孫明煉建東首側屋據採訪冊新纂

太嶽廣福禪寺　在縣南四十五里正統志作五十里劉宋時白道猷尊者乘青牛降蟒及諸魔怪地也宋文帝賜菴卓錫於此後唐清泰甲午陳思益捨地拓建爲寺旁有飲牛溪又有隱身巖及龍潭每旱禱輒應明初寺廢僧入國慶寺景泰天順間復興至嘉靖初將圮住持法垣與其徒德慶苦行重修及復諸廢產萬歷志○白道猷詩蓮峯數十里修竹帶平津茆茨隱不見雞鳴知有人閒步踐其徑處處見遺薪始知百世下猶有上皇民開此無事跡以待疏俗賓

長嘯自林際
歸此保天眞

大覺寺　在縣南四十五里　國朝康熙二十三年僧明覺改建咸豐間半圮光緒間竺瞻蕠等請僧靜芳接住修葺寺有田三十五畝六分地八畝二分山二百六十八畝六分一在十都蔡嶴據採訪冊新纂

寶蓋禪寺　在縣南五十里唐廣明間僧乾峰般時有紫雲覆如寶蓋事聞於朝賜額明初廢萬歷志○案寺在縣南祇三十餘里

勝因寺　在縣南五十餘里雙棋山旁石晉天福壬寅建本名永清宋大中祥符戊申改今額明初廢正統萬歷志

乙巳重建萬歷志

西資聖寺　在縣西南八里唐咸通丙戌姜思進嘉泰會稽志作姜思進捨地建丁亥給額明初廢正統志正德間復興萬歷志周夢伊葛昂三捐助田八十餘畝山數百畝　國朝咸豐十一年燬同治六年僧蓮根靜清重修採訪冊

瑞像寺　在縣西南十五里南𡋯舊有古源院唐末毀石晉天福辛丑鄉人張軍用狀申吳越王復建開運三年丙午嘉泰會稽志作四年給額瑞像院宋紹定中重建爲寺正統志舊有寺產八十餘畝被豪右佔據　國朝康熙初查復

康熙志

奉國報恩寺　在縣西南二十五里唐光啓丙午僧清承建明初廢天順間復興據萬歷府志寺產多爲人佔知縣朱維藩往勘見寺址尚存斷復其田六十畝山八畝仍許葺其寺寺後山巔有護國院萬歷志。康熙志云有下院。案康熙志何大化撰置學田山記明萬歷間知縣楊爲棟搜奉國寺田一百三十九畝六分七釐入學田

興教寺　在奉國報恩寺右唐乾符己亥建本名建福天祐丙寅吳越改名象田宋太平興國間改今額明初廢正統志萬歷乙巳知縣徐待聘追復近寺沒產命僧重剏寺址故有廨石大可蔽一室相傳神運至此名飛來廨後爲蟠龍山前爲車嶺嶺旁有舜井有自來風衆山環

列如屏如障二水合流歸於巽隅。萬歷志。案沈奎刊補自來風在寺對面山麓有一小竅清風一縷常從竅中來故名相傳吳越王彈金雞彈從金雞洞入從自來風出二竅相去五里許自來風下有泉一泓名曰舜井久旱不竭。又黃宗羲四明山志云象田古刹也自宋梵卿復興後嗣祖法者相傳不絕已而陵遲無一椽之庇且數百年僧大本始遷於東偏重立寺埨舊有寺田一百二十餘畝地五十畝山一千餘畝 國朝道光十九年劉鎮揚等以寺僧私賣訴縣知縣龍澤滸追復勒石咸豐間寺毀同治光緒間僧親雷西江洪福建復據採訪冊新纂

廣教寺 在縣西南三十里昔置官窰三十六所有官院故址宋開寶辛未有僧築菴山下爲陶人所禱吳越領

華州節鉞錢惟治舊志云華州節度使查吳越錢氏世家惟治始授兩浙牙內諸軍指揮累加至左神武統軍止並不封華州節度使但云領華州節鉞今正拟建爲寺名保安治平丙午改今額俗仍呼窖寺明初廢正統末復興萬歷志

智度教寺　在縣西南三十里舊有光相寺在黃茅嶺下石晉天福壬寅遷於和尚山巔宋大中祥符戊申改額智度正統志今俗仍呼光相寺新纂

國慶禪寺　在縣西南四十五里東山相傳晉謝太傅故宅也左右有白雲明月二軒及無塵閣唐元和己丑安禪師重建正統志宋淳熙乙未有神運廨石於此方濶丈

許勳則祥光現咸淳癸酉舊志作咸通查宋無咸通年號今正賜額明洪武時改叢林志萬歷崇禎間爾密禪師重修志康熙國朝屢加修葺光緒間謝氏子姓復修新纂。宋李光詩永夜金莖下九天郊坰風物正淒然百年寶地空蕭瑟十里青山自接連局上笑談棋易勝坐中奇險句難聯定回老衲應相問淨社何時到白蓮。陸游詩豈少名山宇宙間地因人勝說東山江拖銀練秋波淡峯削芙蓉翠嶂環別墅有棋莎緝緝斷碑無字蘚斑斑幾更梵宇勳名在不與薔薇一樣殘　國朝顧玘遊東山宿白雲精舍詩風帆一葉下東山急上船來步屧慳細雨亂飛松翠落澄雲爭擁夕陽還蒼茫叢樹徑難覓寂靜禪房戶未關一點燈明開覺路洵知佛地迴塵寰

上乘教寺　在縣西南六十里鳳凰山與興國寺祇隔一

江東晉元帝卽山爲寺有鳳飛之祥因封山曰鳳山唐代宗時從嘉猷禪師奏請賜名休光會昌間毁大中辛未三白和尚道全重建咸通戊子更爲大興善禪院越州觀察使李郢書額宋治平丙午改今額元至元壬辰燬至正丁亥僧仁育建復胡長孺有記載金石志明寖不振僅未毁墜云嘉泰會稽志及正統萬歷志

法果教寺　在縣西南五十里石晉天福庚子敕曰含珠院以山得名也閩僧從契棲隱於此邑人馮實敕禪齋宋大中祥符戊申范贊捐修改今額正統志○宋沙門仲林記略夫牛斗

下蔭之區山水擢秀之地浙東藩服七郡其尤者爲會
稽含珠山法界院籍屬虞濱境接蓬島山兆殊形宜爲
淨刹爰有高行苾芻從契者自言閩川長溪縣人礪志
風霜專習道業當天福之六載歷覽名區肯留靈越始
遇居士馮實議搆禪齋將縻神錫別輟林泉之所爰興
土木之工師乃爲法隨機御衆有術洎乎毳侶叢萃齒
髮衰殘付授法嗣省顏紹襲前規綱紀後事仍有居士
范贇者慶紺園之斯整嗟丹殿之未崇施見緡二十餘
萬爲之先倡俾苾芻茂隆同化有緣期歲而就鼎新輪
奐曷以尚之屬大中祥符之元祀天光下炤膺澤逮沾
勅賜法果之號復有保全上人募緣高擲法堂精求良
匠伐杞梓於邃谷市金碧於隣封數稘克完易如反掌
五色彰施百寶悉備今院宰珣公上人太邱名族潁川
上流脫除煩惱厭棄華侈自堂轄院門聿經星紀倉箱
積數年之儲園林據千畝之盛斯院也旁連驛路多留
星使之車近帶長江好聆漁父之唱山亭山榭左之右
之優游於是何樂如之愚也幼學聚沙老羞弄筆事圖
考於摭實詞肯逃於迂疎洞庭巖巖宜採醻烟之質山

門丞丞用刋垂世之功天
聖二年甲子十一月朔記東陽聖壽寺沙門有交集晉
右將軍王羲之書藏於寺尋寺廢萬歷志萬歷末僧募捐
建復新纂
梁湖接待寺　在縣西三十里宋吳越王拁明初廢正統志
福仙禪寺　在縣西三十里蘭芎山唐咸通丁亥操禪師
闢菴爲寺元至元甲午僧道順拁改法堂山門大德辛
丑僧克文重建正統志○元勾章任士林有記見金石　明初廢成化間復
興萬歷初漸拓大之住僧能圓留意禪宗每歲結期掩
關習禪定萬歷志後僅存遺址　國朝乾隆五十八年僧

理清大本徹宇募捐修葺嘉慶志嘉慶二十五年僧光教重修光緒十五年僧靜德續修新纂。國朝羅坤詩碧嶂摩雲霄蒼寒峯勢削磴道接雲林藤蘿護丹壑上有仙人居紫芝之細烹瀹丹成久已去時還華表鶴至今地脉和年深產靈藥高寺有碑文苔痕字摧剝我來登山巔石浪何磅礴亦如奔怒獅衆獸相驚愕俯矙烟霞低微茫見城郭夜半鳴江濤沉雷藹山腳緬懷稚川翁馭氣欣有託。王燕藻詩芎嶺迢迢繞舜江叢篁萬个影當窗丹泉仙子泓留一香火忠臣座配雙松頂雲巢疑有鶴籬根夜靜不聞尨東西眺罷塵緣斷太息勞勞估客艭。閻秀宋彩華詩堪笑人間倿佛多六親拋卻事頭陀我來不把分文捨回首曾經拜孝娥

旌教教寺　在縣西四十里百官唐大順辛亥郎古興善寺基建尋賜機證禪院額後唐同光乙酉吳越錢氏易

名重明宋天禧丁巳改今額高夢月有記元大德中易殿爲閣并捐田以備營繕韓明善有記○正統志明正統後漸徵萬[歷]間復興萬[歷]志國朝嘉慶十四年重建新纂○趙琴記略余嘗遊遠邇名刹竊見一二禪門貪念嗔念煩惱念嫉妬念甚有慈悲其室而毒龍其性清淨其界而狂象其心深恨無識檀那倒廩傾囷助建僧寮輝煌金碧俾之藏垢而納汙也歲己巳及門張仳以旌教寺重建而問記於余余從而訝之謂即昔日所見毒龍其性狂象其心者也奚事以戔戔者煩我筆墨哉仳曰不然師業行[道]修而規模嚴整沙門有不守戒律者則逐之去余曰能若是乎其住持何人曰某某法師都講何人曰某某法師二人系出同胞所謂無着天親有兄弟也然則寺何昉乎曰五代前之人有葺之者乎曰有　國初時口口法師置經行之室焉立禪誦之堂焉今之所建者幾何曰自經室以至庫房爲堂若干爲殿若干阿難迦葉煥然一新越

十月而告成先生暇日曷往而遊焉余聞而終疑之謂其地則是而其僧或非既而恍然曰釋之有野狐猶儒之有僞學也釋之有禪伯猶儒之有眞才也安可以余一人之見而概天下之僧哉既以語張子退而爲之記

○國朝王琖題旌教寺晨鐘詩柝音未靜又鐘音門巷蕭蕭曙欲侵一角青山藏古寺數峯殘月掛疎林江船有客初醒夢僧館何人正苦吟粟鹿鄉關塵已動幾曾打破利名心

聖恩寺　在縣西五十里前江村康熙二十八年僧爾維建光緒十年僧光國積貲重修寺先後置田地六十畝零社內公議除香火外酌提餘貲津貼養正義塾○據採訪冊新纂

指津寺　在縣西六十里跨湖橋北明萬歷初創立指津菴　國朝嘉慶十五年連聲傳改建爲寺新纂

明教教寺　在縣西北二十里後唐清泰甲午熊敬安建本名仙壽院宋大中祥符戊申改今額熊儒士有記明○正統志萬曆間廢萬曆志

戒德教寺　在縣西北六十里唐大中丙子里人周元度昆弟捨宅建咸通戊子賜名義讓宋大中祥符間嘉泰會稽志作治平二年賜今額教授徐一夔有記○正統志明嘉靖末廢萬曆志

淨衆教寺　在縣西北六十里夏蓋山陽宋劉發英記略越之上虞縣西北六十里一峯聳秀背海面湖林壑深蔚名曰夏蓋山有招提依山爲址建於天福四年初號見明宋治平三年改賜今額傳燈相續代不乏人寺無殖產僧常千指糧施從容未嘗之絕大佛殿像設甚古屹峙中央莫記

經始何時僅存草架十數宇知爲元豐三年始生律師領徒結界宣和紹興兩經修飭綿歷氷暑殆百餘載風摧雨剝日就湮圯松菴秀律師世居是邑得業斯地視髮後遊學外方歷諸大老門扶樹宗教有聲於江湖間淳祐己酉歸自京華環視駭歎追念前人積累勤頓匪直爲觀遂捐資緣衆佐以先普明大師所遺衣鉢拓地四圍剗新翻蓋續長增高氣勢延袤翼殿兩旁湧塑諸天輔衛左右鐘鼓響振金碧輝煌水影山光鳥啼漁唱松風竹籟競奏元音殿閣參差亭亭如金山浮玉之中軒窗窅窱隱隱在蓬萊方丈之上蹔茲一舉不但百年頹基輪奐復舊抑使後來皆知尊所自出豈淺近云乎哉淳祐壬子五月既望○正統志參萬歷志○明謝讜碑記略寺據夏蓋湖山之勝俗稱夏蓋寺云余幼時及見石晉時所創百拱合沓制類雞籠繡棁玉題髹楹鏤檻穆穆巍巍嵂嵂翼翼相傳爲魯般造者蓋侔其巧云爾摩尼蓮座晃碧耀金種種法象亦皆詭麗可謂勝剎寺後有翠微閣少東堂香雨臺慈雲院俱廢於元之季觀音堂矚漪亭景泰中圯門有張卽之書大禹峯三字

并劉英發石記今始灰滅云寺僻在海壖以故詞客罕臨靡有賦詠余邀齋伯嘗覽而記之曰寺面離會景視夏蓋廟爲勝福祈拱對羣山羅列澄湖漾碧漁艇往來皓鷺文鴛浮沉遠近竹色松聲天光雲影使人有解脫塵網逍遙祇園之想可謂盡其概矣○沈奎刋補○明謝讜詩海谷藏幽寺曇花照淨臺草當青澗出風自翠微來樹暖鳥雙囀喦虛雲亂堆若教支遁在詩社定重開 國朝王登墉詩五百年前淨衆寺山門刼後半成灰遺文更訪張長史解事難求釋辯才潭水清清能自潔桃花寂寂爲誰開無邊苦海回頭岸不用津梁問渡來

福聖寺 在縣西北七十里纂風鎮亦名纂風寺後周廣順辛亥吴越鄉宦蔣欽等以嚴可瑛所捨地剏建額延壽宋祥符初易今名據釋元照碑記治平丁未改建殿四角俱

雀舌升斗疊成甚奇俗傳魯般所助有遺訣云一篗一斧與一鑿藏在東南西北角有人拾得去代代工師不容學梁上墨書時巨宋治平四年歲次丁未六月丁未二十三日巳巳立凡二十二字政和辛卯餘杭靈芝蘭若釋元照有福聖院結界記記載金石志○新纂參萬歷志○按舊載宋蘇軾迴文七律詩考魏慶之詩人玉屑第二卷作題金山寺今從刪

普濟寺　在七都西匯嵩浦寺一名空　明天順間勅建新纂

大林禪寺　在縣西北六十餘里鄔樹村　國朝乾隆十三年建嘉慶二十一年重修新纂

報國寺　在縣西北七十里淩湖村道光五年僧用參建

光緒七年李茂桂募修新纂

普淨教寺　在縣西北八十里塘灣村後梁開平庚午僧志化建立草菴石晉天福壬寅號報恩院開運間燬於火宋大中祥符戊申侍郎周穆重建賜今額明初廢國治後復𢦤新纂參萬曆志　國朝順治二年周日新僧鏡明增修據採訪冊新纂

法界教寺　在縣北二十里蘭阜山陽唐天寶癸未因利濟廟而建名利濟院寶慶會稽續志作唐咸通三年建後唐同光二年吳越給利濟院額寶曆乙巳徙基太和己酉𢦤門樓院宅會昌乙丑廢後

復興宋大中祥符間改今額明初併入長慶寺正統志萬歷乙巳僧明賢重建寺臨查湖舊志云臨白馬湖查白馬湖去寺約有五里許玩明謝肅自蓀溪上湖頂詩知是查湖故俗呼湖頂寺萬歷志○案明萬歷二十一年知縣楊爲棟搜寺田五十二畝四分作爲學田並見學校志

嘉福教寺　在縣北四十里據碑小越俗呼小越寺剏於唐爲福監菴石晉天福己亥改寺賜額福祈張孝先有宋碑見金石淳熙間改今額明洪武時毀萬歷初復建萬歷志參沈奎刊補○案萬歷建置志云萬歷二十一年知縣楊爲棟搜寺上田二十五畝八分六釐四毫以作學田

長慶教寺　在縣東北三十五里五夫市鳳凰山南市南

大雲寺有永壽院唐會昌乙丑廢咸通辛巳雅師移置今所蓋陳熹清捨宅也正統志名永壽寺其永壽院故址有塔尚在宋大中祥符戊申改今額吳懋李知退劉仁本皆有記明廢萬歷志萬歷間復建潘思漢曰成化間寺多淫盜頹敗將絕至正德初提學潘府買其廢基建月林書院未就遂有王鑑阿劉瑾以貪官毀寺圖謀非常等事奏帝旨准審勘鑑坐誣以憂病死其寺與書院亦遂並廢後奉詔將廢寺改建道學書院復於其地重建月林書院未久腐朽官不修葺并寺田地盡變民產後佛教復興漸次得地草創一舍至萬歷間遂成今寺國朝嘉慶九年重修趙琴有記○新纂○宋李光詩青山似幽人那肯入城府遠碧橫春空濃綠浮天宇常恐俗物遮不得快觀覩何年厰層閣軒豁開牖戶千巖勞顧指萬壑隨仰俯騰飛若鵬鸞盤踞狀龍虎翩翩

垂翅翼蜿蜒回肘股朝來拄笏看爽氣逼簷廡孤雲時
去來寒月靜吞吐溪山自奇絶信美眞吾土我老喜得
閒遇勝輒爲主朋簪俱莫逆綦酒屢清聚亦有支遁流
時來共揮麈迎客如迎山好事免嘲侮常烹雨前茶不
打齋後鼓從今贊
公房名字照千古

法華接待寺　在縣東北長慶寺左宋末僧師尹般招接
四方雲水故名明初廢正統志　國朝康熙十年二月僧
恒靜重建康熙志　並置產場字號田四十餘畝嘉慶志○國朝郘
景從記略虞治東北有五大夫里里在宋時有大寺三
在里之西者曰雲麓明廢在里之南者曰法華明亦廢
其一尚存曰長慶今在里之北三寺互峙如鼎而法華
以廣延雲水於三寺中爲最勝余少讀書於里東之新
湖從友人尹君百如遊憑眺川巒詢稽往蹟因得盡識
茲里之勝蓋存者十之三廢者十之七矣後余視學兩

河解官東渡歸舟過五夫里見里之東有法華新構叩其新之者則上人性晶及徒海珍也性晶字恒靜海珍字文藏昔自會稽九峯寺行化及五夫里里諸耆德咸欽上人有古宿風請新法華而居之値余舟過里而寺適成輒以淸俸之餘置　寺後殿有藏經閣僧文藏建新纂山二隴爲廣濟一助

雲麓報恩寺　在縣東北五夫市西山實王氏廢菴元至大間法果寺僧竹泉與其兄西竺叟馨衣鉢改剏明初正統廢志　國朝易爲菴咸豐間毀新增

延壽寺　在縣東北一十里昔有僧文格回自高麗遊歷至此置姚氏山剏普慈菴正統志宋咸淳中改今額明初萬曆廢志

明德觀　在縣東門外宋寍宗后父楊漸故宅子孫以爲
聖后誕育之所不敢有其居嘉定壬午改築三淸閣命
鹿泉劉眞人大弟子沖和先生劉道楫主之六傳至凝
妙大師丁義堅當元至元甲申改閣爲觀額曰明德大
德庚子毁惟閣存焉凝妙搆復明初嘗鼎新之萬歷十
四年知縣朱維藩命道士夏以仁重修實一邑都道場

朱維藩記略上虞縣治東郭外有明德觀相傳爲楊
所冀王故宅後卽其地爲香火院云楊冀王者名次山
宋寍宗后兄也觀建於宋火於元國初復新之歲月既
久日就蕪圮余來尹是邑顧瞻太息爰命道士夏以仁
亟修之助以公帑廣其門楣闢其堂皇曾未踰時頓然
改觀楊氏在宋封國尚主富貴絢赫一時稱隆今其所

遺花園惟青青一草邱而已茲幸託諸淸修家而宅以名存其爲楊氏所藉者豈淺淺哉誠不得以他宮觀例視也抑聞之茲觀之始主其事者爲鹿泉劉眞人繼其事者爲沖素郭元逸深明道教卓爲名流故其觀得以相延永世嗣茲以守觀者誠不可不知所愼矣嚴爾戒行盪爾室廬庶不負若主加修之意也哉○萬歷志

國朝康熙間備案勒石碑記載明萬歷初金中石等捐助字黃等字號田三十八畝

國朝康熙間道士純一又置田十一畝零外有臣字號山一百五十六畝黎字號地三畝四分八絲　咸豐間觀燬於匪光緒九年許寶福劉升墀俞藝積歲修費建復鎭武殿二十一年重建玉皇殿據採訪冊新纂

元妙觀　在縣治西南一里許金罍山巔宋大中祥符已酉詔掫天慶觀元元貞初改額元妙元末毀明成化壬

辰知縣黃錦屬道士葉廷歇重建正德丙子其徒范洞澄復葺明謝丕記略元妙觀漢魏伯陽故宅也晉太康中得金罍於井因以名觀宋改天慶而元妙又元所改我朝因之然人猶稱金罍重始也成化間道士葉廷歇嘗新之正德丙子其徒范洞澄復事修葺鼎建二亭於前一以覆井一以樹碑逾年請記於余余惟伯陽參同契一書實啓還丹之學與周易理通而義合自晦菴朱子考釋之後是書始不爲吾儒所棄觀其言蓋仁人君子之流不可概以神仙目之也慨自古賢人君子故宮舊宅湮沒於草莽者不知凡幾而琳宮梵宇乃金碧輝煌在在無恙以吾儒律之盧其居可也以是而律之伯陽烏乎可哉噫伯陽不幸羽化而去而不得以賢人君子自白也其亦幸而託諸神仙而名以長存宅以永固也後之人其尚體洞澄之意而勿隳也哉○萬歷志萬歷間碑亭圮國朝康熙間復建康熙志嘉慶五年王煦等募捐修葺嘉慶志咸

豐十一年燬於匪同治十三年邑廟僧淩賢與本觀住持西降募貲重建並於觀之西建玉皇閣光緒四年告竣新纂○元余元老詩閒步蒼苔一徑通白雲深處是琳宮已知丹鼎歸天上那復金罍出地中井漾寒泉猶夜月山圍古木是秋風滄桑變幻知能幾且向尊前醉老翁○明陳炫詩仙居迢遞枕城西古路縈迴過碧溪丹井已空蒼蘚合石壇猶在白雲迷淸宵遼鶴無人見落日山猿抱樹啼更羨郡侯能弔古紫騮踏徧落花泥○國朝陳邦泰詩一笠虛亭罩夕陽井丹飛起蘚苔蒼到門花氣迎人醉爽道松風過雨涼雲外不聞仙犬吠座間猶接酒杯香昔年山墅今城闕欲覓方平話海桑

元貞觀　在縣西四十里百官龍山西麓明洪武初道士王一淵剏後併明德觀正統志

雲臺觀　在縣西六都雍正十二年建新纂

菴院殿堂附

巽水菴　在縣城百雲門外迎南山之水當邑治巽隅故名萬歷壬寅知縣胡思伸捌以幹旋風氣邑人尸而祝之萬歷志

永祝菴　在縣治北門内俗呼北門菴舊名定華已廢

國朝康熙四十八年女僧照本草創其徒定慧改造正殿易今額乾隆四十二年定慧徒孫靜龍復廓大之並置田產知縣鄧雲龍撰記勒石○新纂

碧蓮菴　即韋馱殿在縣南門內順治間女僧照本𠜂建同治五年住持道德等重建新纂

萬慶菴　在縣東城外乾隆十九年錢必美𠜂建捐羗愛字號田地十畝零咸豐十一年燬於賊同治九年錢思巖繼妻章氏重建捐字首字號田地十畝零又張瑞源捐章字號田一畝七分六釐新纂

林隱菴　在縣東二十三都曉山僧觀相建置竹字號田十六畝基地四畝五分康熙志咸豐十一年燬光緒六年女僧學成募建新纂

永濟後菴　在縣東十里一名婁家閘菴雍正九年萬邦懷修永濟閘於閘右建菴以司啟閉同治元年燬光緒六年萬士晉重建新纂○按碑記作萬德新

羅菴　在縣東南二十五里康熙志作蘿菴宋至和甲午建正統志明廢　國朝光緒二年重修新增

西白菴　在縣東南僧闇然建康熙志

綠堂菴　在縣東南約三十里新纂明萬歷年間建萬歷志

深隱菴　在縣南十里百樓山大雷尖下宋咸淳間雲約盖禪師與其徒無隱香禪師肇建元至元間有鄞江董

公捐貲拓之明洪武間徙建於故菴之左嘉靖七年葺萬歷志○明車純詩岳峙天南迥不羣四時蒼翠色絪緼峯迴古院松門靜路界飛泉石棧分絶頂下窺滄海日二樓高駐太空雲舊來遊屐原無恙笑語山僧到夕曛○吳禋詩百樓在空翠興來間獨上解衣成盤桓愛此巖扉敞松風生夏寒石澗奏靈響誰知寂寞濱暫爾遂幽賞美人今不來悠然起遐想

中隱菴　在深隱菴右元至正丁酉剏萬歷志虞有三隱中隱爲首蘗山禪師修建康熙志

白洋菴　在深隱菴左明永樂間剏尋廢萬歷癸酉僧性朝重剏萬歷志國初復廢乾隆癸巳女冠羅王氏重建邑紳王煦有記辨見下白水菴○備稿　咸豐十一年燬同治間重

建新纂

白水菴　在縣南十里百樓山西崦南宋季即元至元初　鄉人唐胡二姓捨基破山雷師刱元至元二十九年其徒安公重刱明永樂初達公又斥而大之郎中葉砥有記嘉靖間撤其材爲奎文閣　正統志參萬歷志○按萬歷志云白水菴元至元初刱白洋菴明永樂間刱明是二菴凡白水由上舍嶺而入白洋由鳳鳴山而入路隔數里　國朝王煦爲羅王氏作白水菴記云舊有白水僧寺據縣志本名白洋菴明永樂間移尋廢萬歷元年僧性朝重刱是合二菴爲一菴矣因删其記據備稿辨正

紫雲菴　在縣南十四都　國朝康熙間僧子文建釋楫記略

古虞十四都篚湖之濱世有杭氏居其上當於驛道者有紫雲菴戊午冬僧子文結茅爲始次更椽瓦善信杭公建南繼南同捨基地又施田六畝零供永遠香火其功德詎可勝言但台温蘇松上下接踵至此望梅莫及其意在濟衆湯水爲久遠計自戊午迄今十有九年間其所以建設不强外求惟以钁頭作生涯置有田二十餘畝心血枯盡上年請僧交代退修已事再謀勒石希佛日與天日同朗信功與禹功同普可謂善始善終矣○沈奎刊補

南陽菴　在縣南十五都阮莊　國朝康熙十五年葉茂芳建並置田十二畝嘉慶志

十方菴　在縣南十五都阮莊　國朝康熙二十九年僧德祚募捐瓶建嘉慶志

紫月菴　在縣南十七都康熙志　國朝康熙間建嘉慶志

象鼻菴　在縣南河頭村　國朝順治間鮑碁貞女鮑靜孫建新纂

大様菴　在縣南二十餘里元至元六年建明倂等慈寺正統志

彌陀菴　在縣南二十餘里冠山嶺右僧超凡建康熙志

新攻橋菴　在縣南橫塘嘉慶十八年嵊邑俞永康修橋并建菴於橋右咸同間燬於粤匪光緒十四年重建新纂

關嶺菴　在縣南關山嶺上明湖溪丁氏剏建　國朝乾

隆十四年重修新纂

啟文菴　在縣南橫塘塔山上　國朝乾隆二十五年湖溪丁氏建新纂

如淨菴　俗呼苦竹菴在縣南五十里昇溪棊基岡元至正乙巳建萬歷志後廢　國朝乾隆五十四年重修新纂

慧日菴　在縣南六十里蟠雲峯明萬歷甲午僧廣歷建萬歷志　國朝嘉慶十六年王可進重修同治八年王顯寶改建新纂

東山菴　在縣南管溪村東明永樂間徐完山建並置田

二十畝山二十餘畝舊名結草菴明末翰林學士徐復儀殉節處　國朝咸同間燬於粵匪同治間重建新纂

西山菴　在縣南管溪村西　國初徐姓建徐拱北祭助基地八分零乾隆四十八年重修徐自淑助發字號田五畝徐貢九徐聖瑞徐予甯徐愼庭共助發字號地四畝五分零道光間女僧能通復置罪發等字號田地共十畝四分零新纂

北山菴　在縣南管溪村北俗呼嶺北菴　國朝康熙三十三年徐復來建並捐田三十一畝零山五十畝新纂

定清菴　在縣南十五里上舍嶺南元至大辛亥建菴有二上菴嘉靖間爲勢豪所佔萬曆間錢大莊捐貲贖回僧如能重剏下菴僅存遺蹟萬曆志　國朝光緒十二年重建新纂

甘露菴　在縣南路口街明萬曆間錢盧二姓同建新纂

象田菴　在縣西南象田嶺西奉大士像祈禱輒應相傳即興教寺遺像明萬曆乙巳僧智海建以憩行旅名上象田菴萬曆志後廢　國朝同治三年僧靜芳重建新纂

法雲菴　在縣西南二十里由象田絕頂左折而入元至

正乙巳建明廢併國慶寺正統志

雪水菴　在縣西南十里西溪象田山谷間林木深茂雅稱禪棲明嘉靖初建萬歷志○案宋趙艮城有雪水菴詠雪詩二十韻則菴非明嘉靖時建矣萬歷志疑誤

通濟菴　在縣西南王念佛嶺邊去象田菴十里明萬歷初建萬歷志

寶月菴　在縣西南南嶴　國初費湯日讀書處康熙時女僧時增徒月生剏建爲菴並置田二十餘畝新纂

甯峯菴　在縣西南謝嶴嘉慶志作能峯菴明嘉靖間建萬歷志

紹興大典　◎　史部

龍田菴　在縣西南四十餘里窰寺東東山右其地先名蒿芝僧柏子建康熙志

惠濟菴　在縣西南下湖浦口近江側往來通衢　國朝康熙間有丁錫蕃者捨基地一畝六分建復捨田五畝以爲造船濟渡之費康熙志參嘉慶志

先覺菴　在縣西南門外生員陳開英同妻石氏建並捨朝字號田十畝園地三畝康熙志

勝宗菴　在縣西南陳嘉會妻俞氏建卽朝字號住基康熙志

凝峯菴　在縣西南六丁峯下元季僧佛安卓錫於此結廬修眞萬歷初僧大覺拓地刱建額曰盌祚　國初僧瑞源置產增修改名盌峯咸豐十一年燬於兵光緒元年僧定彬農樵重建易今額新纂

泗水菴　在縣西十里康熙志

普濟菴　在縣西二十九里裏梁湖驛道旁明萬歷初建萬歷志

迴龍菴　在縣西三十里外梁湖鎮上明萬歷初僧眞忠建其徒如霑等募置田一百八十四畝零係芥蕾鱗翔賓重果旁等

字號常充接待十方苾芻東朝大士者必於此暫憩日供行腳以千計邑大夫咸嘉之歷免徭役知縣錢應華記略始寍名剎爲余車轍所到者西有蘭芎北有蘿巖南有鳳鳴眞人洞其餘諸剎或可聞不可見大要僻處奇勝幽雅尤絶供名人韻士尋芳攬勝之具常住比邱亦且焚香淨宇受自在清涼福膏腴租稅之入政如民間以爲自有而已未有若是菴之獨當津要往來利濟不憚一已之勞以釋官家之戾者也夫衆利其濟而弗優其恤使吏於諸刹比邱余則過矣因進邑之縉紳先生與父老議僉曰菴有田百十餘畝是師偕其徒如霑四十年來貸萬衆緣以緣萬衆者也田之置十方檀施德耳菴不任受稅之入十方衲子供耳菴亦不任受一切徭役差遣願懇永遠優免以稱朝廷簡書崇賢報功之意而因見令周知民間利害勞逸咸與平施不亦可乎余唯唯稱快呼僧靜慶諭之曰差役捐之公家則田非爾所得私自今日始有私自貿易民間者法以治之爾僧衆亦宜仰體

官家優免盛心兢守祖僧戒律毋或滋罪戾僧唯唯快甚叩首請記以誌不朽○萬歷志參康熙志嘉慶志

永澤菴　在縣西二十里朱公祠側阜李湖民建以永被朱郡守芹張郡守三異鄭令僑德澤故名並置田一百六十四畝地十九畝山三百六十六畝有奇住僧收花輸稅以作修葺大閘蔣家閘大板閘及閘夫啟閉遇旱暵沿湖十八堡居民輪流守望諸閘飯食等費咸取給焉　光字田共三十二畝四分七釐五毫五絲重字田共六畝六分三釐六毫六絲芥字田共七畝一分三釐七毫五絲薑字田共五十五畝一分二釐一毫九絲鹹字田共五畝七分三釐八毫二絲河字田共二十八畝五分六釐一毫淡字田共十九畝一分三釐二毫鱗字田共一畝四分一釐四毫育字田共一畝二釐二毫平

字田共九畝九分五釐三毫光字地共十一畝一分三釐五毫薑字地共三畝五分三毫青字地共四畝四分四釐平字地共六分七釐八毫薑字池六釐光字山共二百十八畝芥字山共四十六畝八分二釐薑字山共九十八畝六分五釐青字山共三畝六分歲久菴圮乾隆間僧士彪完葺並將山門拓大之嘉慶志道光九年知縣詹璧立石菴中光緒十六年知縣唐煦春奉府批勒石永禁略曰案奉府批據詳永澤菴田產仍歸該菴住僧普潤照舊管業收花承糧外人不得覬覦爭奪並由地方紳士稟縣註冊杜其變賣仰即如詳給示勒石遵守以垂永久並將碑摹搨送備案等因嗣據該僧普潤以碑石已備稟叩簡明示諭爾等須知永澤菴遺產無論紳捐僧置均歸該僧照舊管業收花承糧外人不得藉端爭奪住僧亦不得私行變賣

○案庵有知縣陳鶴徵碑記載諸生章彰捐鳴字號田十六畝給僧菴內爲彭立像又案章氏譜載是田給僧

經理爲皁李湖閘夫管閘工食費○據縣冊採訪冊新纂

九龍菴　在縣西三十餘里龍山下明萬歷乙巳邑人陳仕捐貲掓龍山磴道故逼窄險阻行旅多困風雨晦暝之夜尤甚陳爲開鑿寬廣往來便之萬歷志　國朝咸豐十一年邑人王棨俞泰沈初昇募貲重修知縣胡堯戴撰記○新纂

淨土菴　在縣西梁湖鎮康熙二十五年建菴旁有義塔曰普蘧廬新纂

普度菴　在百官去九龍菴五里許明萬歷間掓　國朝順治三年住持懷璸重建康熙志

日觀菴　在縣西前江舊有田二十八畝零道光二十八年知縣陳備恪改菴爲塾揭菴田八畝爲香火之資并題額光緒九年颶風大作正殿壞十一年重建新纂

雁步菴　在縣西九都明萬歷間建萬歷志今名正宗菴採訪冊

義渡菴　在縣西九都侯王殿左鄭國彪章長慶等建採訪冊

華澤菴　在縣西九都雁步菴東康熙志華澤口採訪志

映水菴　在縣西嵩鎮東俗呼鎮東菴明天啟辛酉俞心

宇等剏　國朝順治十六年僧聖初元章重建俞得鯉記略明之天啓元年有青囊家言西水東瀉關一鎮非輕議障水以爲墩時水利甚嚴未果里人俞心宇等共達諸縣縣許可彙俞何朱顧李翕然畚築而墩遂以成上僅搆茅屋數椽而已明年易以瓦木崇禎元年海潮大入壞村廬有僧隱峯繼峯自保塘菴挈裝來歸里之長者以是菴令之居兩僧繕葺牆垣增修佛像顧其室湫隘議以舊宇而更大者蓋已有年亡何兩僧旣化其弟子聖初元章孤清廉介居十餘載聚日夕之苦得外方經懺之資近百金戊戌奮然興作環水週迴治以石石成已亥遂議建前後兩殿及兩廡而請序於鯉鯉曰自二十年信國公湯和奏徙上虞故蒿城於餘姚是爲臨山城而一水東注科名遂衰是菴之建惠我一鎮者無量也因樂序其首○新纂

保塘菴　西洋菴俱在縣西北六都萬歷志

寶貞菴　在縣西北六十里嵩鎮北僧徹虛建康熙志

誠明菴　在縣西六都化龍橋南　國朝同治八年建置菴產二十一畝零西有放生池置田五畝零有碑據採訪冊新纂

漾塘菴　在縣西北飛字號塘上康熙中知府俞卿築塘親涖監督搆屋三楹爲憩息之所塘成改爲菴道光十九年里人王運籌重建新纂

正果菴　在縣西北七十里鍾宋莊亦稱正固菴　國朝乾隆四十三年鍾天佑女鶴姑建並置田九畝嘉慶志

青蓮菴　在縣北七里五婆嶺案菴有育字號田共三畝九分二釐八毫被僧有瑞雲茂盜賣經里人宋棠籌款并出己資將田贖回備案請批永禁盜賣光緒二十一年又撥道隆菴育字號田二畝歸是菴以作歲修并修葺路亭之費○新纂

蓮花菴　在縣北十六里孝聞嶺下與鄉村遠隔實係北鄉入城要道　國朝乾隆間宋姓建菴俾夏避炎陽夜乞燈火驟雨疾風得所避息旁豎界牌以指迷途行旅便焉案是菴與孝聞嶺邊法聖菴俱爲宋姓便行旅而建法聖菴山七十七畝爲供佛香火及住持膳食田五畝零歸董事收花作錢糧冊費歲修蓮花菴田五畝零山六畝爲供佛香火及住持膳食餘田壹畝零歸董事收花作錢糧冊費嗣被五夫法華寺僧佔住置有妻妾將花息盡數覇收私用任兩菴崩塌幾盡光緒四

年經宋棠等稟請究逐還俗爰積歷年花息不足益以已貲修造兩菴計費三百千有奇工竣清帳備案出示二十四年宋棠復出助洪字號田五分零洪字號地田八分零以作歲修之費○新纂

清隱菴　在縣北十里蘿巖嶺元至正癸卯建明誠意伯劉基題額　釋心泰記略古虞氏之邑介於兩山間其崢然北峙者蘿巖也元至正末有僧德清自餘姚來觀茲山奇迺造其巔周覽之喜曰眞吾所居也於是以笠爲居以石爲牀以松爲食以澗爲飲安身自樂八閒其精進不懈施者稍至邑人張允恭首捨草廬爲禪誦之所張伯玉等又捨山二百餘畝爲營菴之地尋有材木之施錢穀之施者德清乃撤草一間翼以兩舍規舊有加旣而心隱克繼其志乃謀廣其居會吳之鹺賈李再至捐己貲和者踵至洪武十四年十月革而新之凡茅者以瓦荆者以板甃徑以石畚礫爲圃鑿石爲沼佛像鐘磬幡幢經卷無一不具晝誦夜禪晨香夕燈無少間斷榜其菴曰清隱時淨旻法密道宏及允恭相之

甚力此皆余所見故不辭而爲之書時洪武甲子十一月嘉靖間僧眞濟同徒如鏡重修萬歷志國朝光緒十五年僧清懿募捐徐學良妻沈氏復修新纂○明徐維賢詩頭白歸來始一攀畫屏終日對南山諸天迴出藤蘿上萬象都收巖壑間龍卧碧潭常曉出鶴隨錫杖倦飛還卻思五十年間事閉戶傳經未叩關○國朝錢世叙詩杪秋雨初霽著屐上層巔竹密疑無路峯高別有天日篩花影碎風裏磬聲圓幽語未曾歇蒼然起暮煙

法臨菴　在清隱菴北康熙志

圓覺菴　在蘿巖前明萬歷間报萬歷志

福慶菴　在圓覺菴北僧三印建康熙志○詳見青蓮禪院

大悲菴　在蘿巖山下康熙志縣東北四里許元淮東制置

紹興大典 ◎ 史部

大使北溪俞公別墅因卜葬俞大山遂捨爲菴其子姓省墓息焉　國朝咸豐閒燬俞廷偉俞藝等重建新纂

通濟菴　在縣北白馬湖石堰　國朝乾隆二十年里人趙維羆建並立白馬湖塘閘四十八年知縣方維翰勒石菴內　方維翰記略白馬湖之創始因仍興廢利害具載前賢碑記及邑志無論矣惟西北石堰至陡門係江海之隄防盖湖之陂障有隄以爲捍衛有閘以時啟閉而向係土築故屢遭衝潰乾隆十九年趙虞川等會同立議酌量捐資塘護以倉土易以石似可保無虞矣無如比年來時移址廢連遭災患去年趙維羆昆季急公獨任捐資舉事塘仍建石閘乃安流且於石堰邊重建通濟菴招誠實僧人管守塘隄檢查蓄洩猶恐游手之徒嗜利之子或毀塘竊石放閘求魚凡茲弊端宜勒貞珉特俯循輿情飭任專司永垂利澤嗣後白馬

湖一帶務須巡視無失蓄洩應時不至漁利盜決私自開墾庶千載無頹毀之虞一方被汪洋之德矣○刊補

○案方維翰任虞在嘉慶二年茲當乾隆四十八年維翰安得勒碑意方受疇誤作方維翰待考

鹿苑菴　在縣北三十里沙袋嶺下明嘉靖間羅康讀書處後捨爲菴并置田十畝新纂

東林菴　集福菴　俱在縣北四都明萬曆間建康熙志

苦節菴　在縣北橫山村東　國朝嘉慶間節婦陳文安妻史氏剏建光緒三年陳渭重建新纂

夏郎菴　在縣北三十餘里五車堰之南祀趙元壇爲虞姚接壤通衢新纂

悟真道院　在縣治東忠諫坊内邑士趙崇梯别業其子必濂爲黄冠元至元庚寅捨爲道院額今名正統志　後廢新纂

學古道院　在縣東俞家衖北宋經略豐雲昭故宅其子通判大眞因其堂名改爲道院請明德觀道士丁禮常主之正統志　後廢新纂

通明院　在縣東明德觀右元至正中邑人費喆買趙氏廬爲觀音堂後改今名正統志　今廢新纂

護國禪院　在縣東二十里賀溪明天啟間建諭德陳美

發題額新纂

景福道院　在縣南長者山下元至元戊子縣尉張興捐俸助叔命道人周炳顯看守後延道士丁禮常主之尋廢正統志

定清院　在縣南十四里元至大辛亥建明初廢僧併等慈寺正統志

廣明寶蓋禪院　在縣南五十里唐廣明間建嘉泰會稽志

寶貞禪院　在縣西嵩鎮中市北明末建歲久傾圮光緒二年俞姓捐修易額保鎮新纂

青蓮禪院　在縣北法界寺西舊名福慶菴　國朝乾隆九年改爲院置田四十八畝趙金簡記略蘿巖之地有福慶菴未識何代廢余少游故里覽舊址第見山環水繞佳處悠然惜無有能復之者後余解組歸忽見福慶菴有茅屋數間父老爲余告曰此維城之師紹周興復者也紹周見舊址爲朱應兩姓所有於乾隆九年用價買復躬親開拓鳩工告成并同其弟與徒及徒孫置菴田四十八畝以圖久遠且以匾額請余欣然題曰青蓮禪院顧爾時菴猶狹小乾隆三十八年僧宗聖更而新之建大殿山門禪堂諸室佛像巍峩金光燦爍舊者新小者大洵可稱肯堂肯構矣

後院分東西兩房光緒間西房春嶽同徒鳴在增置田十九畝零東房春濤修理大殿及東後樓側樓平房

新纂

陸度禪院　在二都馬慢橋北岸新纂

東教院　在縣北長慶寺東宋元豐中僧圓明建明初廢正統志

曇德禪院　在縣北五夫里明萬歷間知縣潘灼之妻汪氏建供奉曇德禪師故名院有鐵鐘大磬各一天啓壬戌鑄五夫志

北司土地堂　在縣治東北城山麓即按察分司舊址改建備稿

觀音堂　在縣西百官鎮下市河西宋從仕郎王察居汴

京家奉大士甚虔建炎初避亂遷居百官重爲立龕瞻禮萃初以寫其墟墓宗社之感　國朝道光六年重修餘姚周喬齡撰記○新纂

種善堂　在縣北橫塘廟左鄉人鄭學正陳夢祥平生樂善與男淸獻書院長麟募劉氏山辟基元至大庚戌建爲堂刻石像大士撥田贍香火費正統志今廢萬歷志

天醫殿　在章家渡口　國朝道光間有神法身隨潮湍至里人章榮枝募建殿祀之驅蝗逐疫屢見靈異採訪冊

符官殿　在邑廟南中街　國朝同治間建新纂

三官殿　在縣治南長者山北　國朝邑諸生成達孝捨己地建并集同人捐置田產道光間圮僧蘆舟修葺尋燬於賊同治間僧本應募捐拓基改建新纂

菴補遺

雪峯菴　在縣東二十五里明嘉靖間張陳兩姓建新增

永慶菴　在縣東十七里嘉慶三年丁永順募建咸豐間燬光緒六年丁金鎔經理重建有菴田十一畝零新增

永錫菴　在縣東十五里疊子湖乾隆間萬邦懷建并置田二十八畝零光緒七年萬士環重修新增

連峯菴　在縣東徐邵灣村東乾隆初阮宗名建嘉慶元年子世龍重修并助田地山十八畝零新增

龍角菴　在縣南龍角山麓乾隆間徐之騂建有發字號田五畝七分零山六畝九分地一畝二分歲久菴圮光緒九年徐升墀改建新增

永錫菴　在縣北四十五里剙於前明　國朝咸豐十一年燬同治間倪羅兩姓捐建新增

仁緣菴　在縣後山下　國初陳姓婦失嗣積一生傭資并募捐建新增

碧雲菴　在西資聖寺後半山中周夢尹葛昺三同建并助田四十八畝零新增

萬歷志徐待聘曰虞山川岑寂當是化人之域故琳宮寶刹藏於巖麓者鐘梵之音常相答也大都肇自晉唐盛於宋元而祥符天祐爲最明興固日就廢弛矣正教崇而邪教熄亦世道盛衰之一驗歟顧虞埏素力本織嗇近亦奉西方教維謹山谿間往往私搬菴院致妖僧淫尼潛居溷處託名焚誦轉相煽惑甚則良家婦女亦入而受戒以爲活佛在焉吁風斯下矣有土者忍聽俗之敗壞乎卽人其人而瀦其宮可也○案徐令所云謹嚴明確有裨於世道人心不淺我　朝正學昌明異教尤所屏斥寺觀乃緇流羽客所居本可從略至於菴堂名目同而又同載不勝載甚且僧尼私建竟成營窟之謀婦女獨居假作靜修之地卽不有玷神明究屬無關掌故茲於舊志所存外或係古蹟或介要道或建在兩姓防啓爭端或助有田產藉以查考間亦採而登之此

外據採訪冊如萬壽大雲寶蓮蓮碧鎮東慈雨東盃太平建隆下大悲永福全貞伴月雨化法華秀峯水濟滋德永凝大方聖濟鎮西來鶴大隱化成惠豐廣濟碧玉雲嶽永鎮萬福慶雲蕃薊下菴鎮龍靈感藥師普濟清華萬聖孝義蘭濟西竺所心檀波五香盃海東勝福勝錦福域水鏡蓮永勝興林淨土永盃祗園百華虔誠白雲廣盃鎮地永福九華靈鎮素清福泉善慶四美普勝德雲西蓮萬勝報本一滋報祖清源厚金清風清修戒得道隆吉祥會龍化龍西洋廣德諸菴祇存其名不及細載

上虞縣志校續卷四十二

上虞縣志校續卷四十三

文徵內編一

古文參同契自敘　漢　魏伯陽

會稽鄙夫幽谷朽生挾懷樸素不樂權榮棲遲僻陋忽略利名執守恬淡希時安寍晏然閑居乃撰斯文歌敘大易三聖遺言察其旨趣一統其論務在順理宣耀精神神化流通四流和平表以爲歷萬世可循序以御政行之不繁引內養性黃老自然含德之厚歸根還元近在我心不離已身抱一無舍可以長存配以服食雄雌設陳挺除武都

上海圖書館藏

八石棄捐審用成物世俗所珍羅列三條枝莖相連同出異名皆由一門非徒累句諧偶始文殆有其真礫硌可觀使予敷僞卻被贅愆命參同契微覽其端辭寡意大後嗣宜遵委時去害依託邱山循遊寥廓與鬼爲鄰化形而仙淪寂無聲百世而下遨遊人間敷陳羽翮東西南傾堯湯厄際水旱隔并柯葉萎黃失其華榮吉人相乘負安穩可長生

自東山與支遁書　晉　謝安

思君日積計辰傾遲知欲還剡自治甚以悵然人生如寄

耳傾風流得意之事殆爲都盡終日慼慼觸事惆悵惟遲君來以晤言消之一日當千載耳此多山縣閒靜差可養疾事不異𠛬而醫藥不同必思此緣副其積想也

山居賦　并序

南北朝　謝靈運

古巢居穴處曰巖棲棟宇居山曰山居在林野曰邱園在郊郭曰城傍四者不同可以理推言心也黄屋實不殊於汾陽卽事也山居良有異乎市廛抱疾就閒順從性情敢率所樂而以作賦楊子雲云詩人之賦麗以則文體宜兼以成其美今所賦既非京都宫觀遊獵聲色之盛而敘山

野草木水石穀稼之事才乏昔人必放俗外詠於文則可勉而就之求麗邈以遠矣覽者廢張左之豔辭尋臺皓之深意去飾取素儻値其心耳意實言表而書不盡遺迹索意託之有賞其辭曰

謝子臥疾山頂覽古人遺書與其意合悠然而笑曰夫道可重故物爲輕理宜存故事斯忘古今不能革質文咸其常合宮非縉雲之館衢室豈放勛之堂邁深心於鼎湖送高情於汾陽嗟文成之卻粒願追松以遠遊嘉陶朱之鼓棹迺語種以免憂判身名之有辨權榮素其無留孰如牽

犬之路既寡聽鶴之塗何由哉理以相得爲適古人遺書與其意合所以爲笑孫權亦謂周瑜公瑾與孤意合夫能重道則輕物存理則忘事古今質文可謂不同而此處不異縉雲放勛不以天居爲所樂故合宮衢室皆非淹留鼎湖汾陽乃是所居□文成張良卻粒棄人間事從赤松子遊陶朱范蠡臨去之際亦語文種云云謂二賢既權榮素故身名有判也牽犬李斯之歎聽鶴陸機領成都衆大敗後云思聞華亭鶴唳不可復得若夫巢穴以風露貽患則大壯以棟宇袪弊宮室以瑤璇致美則白賁以邱園殊世惟上託於巖壑幸兼善而罔滯雖非市朝而寒暑均和雖是築構而飾朴兩逝易云上古穴居野處後世聖人易之以宮室上棟下宇以蔽風雨蓋取諸大壯琁堂自是素故曰白賁最是上爻也此堂世異矣謂巖壑道深於邱園而不爲巢穴斯免□□得寒暑之適雖是築構無妨非朝市云云昔仲長願言流

水高山應璩作書邙阜洛川勢有偏側地闕周員銅陵之奧卓氏充釽摫之端金谷之麗石子致音徽之觀徒形域之薈蔚惜事異於樓盤至若鳳叢二臺雲夢青邱漳渠淇園橘林長洲雖千乘之珍苑孰嘉遯之所遊且山川之未備亦何議於兼求仲長子云欲使居有良田廣宅在高山流川之畔溝池自環竹木周布場圃在前果園在後應璩與程文信書云故求道田在關之西南臨洛水北據邙山託崇岫以爲宅因茂林以爲蔭謂二家山居不得周員之美楊雄蜀都賦云銅陵衍卓王孫採山鑄銅故漢書貨殖傳云卓氏之臨邛公擅山川楊雄方言梁益之間裁木爲器曰釽裂帛爲衣曰摫金谷石季倫之別廬在河南界有山川林木池沼水碓其鎮下邳時過遊賦詩一代盛集謂二地雖珍麗然制作非樓盤之意也鳳臺秦穆公時秦女所居以致蕭史叢臺趙之崇館張衡謂

趙築叢臺於前楚建章華於後楚之雲夢大中□居長飲賦楚靈王遊雲夢之中息於荆臺之上前方淮之水左洞庭之波右顧彭蠡之濤南望巫山之阿遂造章華之臺亦見諸史淮南青邱齊之海外皆獵所司馬相如云秋田乎青邱彷徨乎海外漳渠史起爲魏文侯所造瀨水之所淇園衞之竹園在淇水之澳詩人所載橘林蜀之園林楊子雲蜀都賦亦云橘林左太沖謂戶有橘柚之園長洲吳之苑囿左亦謂長洲之茂苑因江海洲渚以爲苑囿□□□□□□□□故□表此園之珍靜千乘讌嬉之所非覽明幽人憩止之鄉且山川亦不能兼茂隨地勢所遇耳達之撫運乘機緘而理默指歲暮而歸休詠宏徽於刊勒狹三閭之喪江矜望諸之去國選自然之神麗盡高棲之意得余祖車騎建大功淮肥江左得免横流之禍後及太傅旣薨建圖已輟於是便求解駕東歸以避君側之亂廢興隱顯當是賢達之心故選神麗之 仰前哲之遺訓所以申高棲之意經始山川實基於此

俯性情之所便奉微軀以宴息保自事以乘閒愧班生之夙悟慙尙子之晚研年與疾而偕來志乘拙而俱旋謝平生於知遊棲淸曠於山川謂經始此山遺訓於後也性情各有所便山居是其宜也易云向晦入宴息莊周云自事其心此二是其所處班嗣本不染世故曰夙悟尙平未能去累故曰晚研想遲二人更以年衰疾至志寡求拙曰乘并可山居曰與知遊別故曰謝平生就山川故曰棲淸曠其居也左湖右江往渚還汀面山背阜東阻西傾抱含吸吐款跨紆縈緜聯邪亙側直齊平枚乘曰左江右湖其樂無有此吳客說楚公子之詞當謂江都之野彼雖有江湖而乏山巖此憶江湖左右與之同而山嶽形勢城池所無也往渚還汀謂四面有水面山背阜亦謂東西有山便是四水之裏也抱含吸吐謂中央復有川款跨紆縈謂邊背相連帶迂回處謂之邪亙平正處謂之側直近東

則上田下湖西谿南谷石壕石滂閔硎黃竹泆飛泉於百仞森高薄於千麓寫長源於遠江派深㟁於近瀆上田在下湖之水口名爲田口下湖在田之下二處並有名山川西谿南谷分流谷鄣水䀋入田口西谿水出始寧縣西谷鄣是近山之最高峯者西谿便是口之背入西谿之裏得石壕以石爲阻故謂之壕石滂在西谿之東從縣南入九里兩面峻峭數十丈水自上飛下比至外谿封墱十數里皆飛流迅激左右巖壁緣竹閔硎在石滂之東谿逶迤下注良田黃竹與其連南界箭中也近南則會以雙流縈以三洲表裏回游離合山川嶀崩飛於東峭嶨傍薄於西阡拂青林而激波揮白沙而生漣雙流謂剡江及小江此二水同會於山南便合流注下三洲在二水之口排沙積岸成此洲漲表裏合是其貌狀也嶀者謂回江岑在其山居之南界有石跳出將崩江中行者莫不駭慄槃者是縣故治之所在

江之□□用槃石竟渚並帶青林而連白沙也近西則楊賓接峯唐皇連縱室壁帶谿會孤臨江竹緣浦以被緣石照澗而映紅月隱山而成陰木鳴柯以起風楊中元賓並小江之近處與山相接也唐皇便從北出室石室在小江口南岸壁小江北岸並在楊中之下壁高四十丈色赤故曰照澗而映紅會山之西孤山之南王子所經始並臨江皆被以緣竹山高月隱便謂爲陰木集柯鳴便謂爲風也近北則二巫結湖兩習通沼橫石判盡休周分表引修隄之透迤吐泉流之浩漾山巇下而回澤瀨石上而開道大小巫湖中隔一山外習周回在圻西北邊浦出江並是美處義熙中王穆之居大巫湖經始處所猶在兩習皆長谿外習出山之後四五里許裏習亦隔一山出新塚橫山野舍之北面常石野舍之西北巫湖舊唐故曰修隄長谿甚遠故曰泉流常石巇□□□□故曰下巇而回澤裏習漫石

數里水從上過故曰瀨石上而開道休山東北周里山在休之南並是北邊遠東則天台桐柏方石太平二韭四明五奧三菁表神異於緯牒驗感應於慶靈淩石橋之莓苔越楢谿之紆縈天台桐柏七縣餘地南帶海二韭四明五奧皆相連接奇地所無高於五嶽便是海中三山之流韭以菜爲名四明方石四面自然開窗也五奧者曇濟道人蔡氏郗氏謝氏陳氏各有一奧皆相掎角並是奇地三菁太平之北太平天台之始方石直上萬丈下有長谿亦是縉雲之流云此諸山並見圖緯神仙所居往來要徑石橋過楢谿人迹之艱不復過此也遠南則松箴棲雞唐嵫漫石崒嵊對嶺笆孟分隔入極浦而邅回迷不知其所適上嶔崎而蒙籠下深沈而澆激棲雞在保口之上別浦入其中周回甚深四山之裏松箴在棲雞之上緣江唐嵫入太平水路上有瀑布數百丈漫石在唐嵫下郗景興經始精舍

亦是名山之流峥嵘與分界去山八十里故曰遠南前嶺
鳥道正當五十里高左右所無就下地形高乃當不稱遠
望䰐山甚奇謂白爍尖者最高下有艮田王敬宏經始精
舍曇濟道人住孟山名曰孟埭芋薯之嵺田淸谿秀竹迴
開巨石有趣之極此中多諸浦㵎傍依茂林　遠西則□□
迷不知所通嶔崎深沈處處皆然不但一處
□□□□□□□□□□□□□□□□□□□□□□□□□
□□□□□□□□□□□□□□□□□□□□□□□遠北
則長江永歸巨海延納崑漲緬曠島嶼綢沓山縱橫以布
護水迴沈而縈浥信荒極之綿眇𣻅風波之睽合　江從山北流窮
上虞界謂之三江口便是大海老子謂海爲百谷王以其
善處下也海人謂孤山爲崑薄洲有山謂之島嶼即洲也
漲者沙始起將欲成嶼縱橫無常於一處迴沈相
縈繞也大荒東極故爲荒極風波不恆爲睽合也　徒觀其

南術之□□□□生蟣□□成衍□岸測深相潴知淺洪濤滿則曾石沒清瀾減則洗沙顯及風興濤作水勢奔壯于歲春秋在月朔望湯湯驚波滔滔駭浪電激雷崩飛流灑漾淩絕壁而起岑橫中流而連薄始迅轉而騰天終倒底而見壑此楚貳心醉於吳客河靈懷慙於海若南術是其臨江舊宅門前對江三轉曾山路窮四江對岸西面常石此二山之間西南角岸孤山此二山皆是狹處故曰生蟣勇門以南上便大闔故曰成衍岸高測深潴下知淺也江中有孤石洗沙隨水增城春秋朔望是其盛時故枚乘云楚太子有疾吳客問之舉秋濤之美得以瘳病太子國之儲貳故曰楚貳河靈河伯居河所謂河靈懼於海若事見莊周秋水篇爾其舊居曩宅□□今園枌槿尙援基井具存曲術

周乎前後直陌矗其東西豈伊臨谿而傍沼迺抱阜而帶山考封域之靈異實茲境之最然葺駢梁於巖麓棲孤棟於江源敞南戸以對遠嶺闢東窗以矚近田田連岡而盈疇嶺枕水而通阡葺室在宅裏山之東麓東窗矚田兼見江山之美三間故謂之駢梁門前一棟枕巘上存江之嶺南對江上遠嶺此二館屬望殆無優劣也阡陌縱橫塍埒交經導渠引流脈散溝并蔚蔚豐秫苾苾香秔送夏蚤秀迎秋晚成兼有臨陸麻麥粟菽候時覘節遞藝遞孰供粒食與漿飲謝工商與衡牧生何待於多資理取足於滿腹許由云偃鼠飲河不過滿腹謂人生食足則歡有餘何待多須邪工商衡牧似多須者若少私寡欲充命則足但非田無以立耳自

園之田自田之湖泛濫川上緬邈水區瀦潭澗而窈窕除菰洲之紆餘毖溫泉於春流颸寒波而秋徂風生浪於蘭渚日倒景於椒塗飛漸榭於中沚取水月之歡娛旦延陰而物清夕棲芬而氣敷顧情交之永絕覬雲客之暫如此皆湖中之美但患言不盡意苟不寫一耳諸澗出源入湖故曰瀦潭澗深長是以窈窕除菰以作洲言所以紆餘也水草則萍藻蘊菼𧄍蒲芹蓀蒹菰蘋蘩蕝荇菱蓮雖備物之偕美獨扶渠之華鮮播綠葉之鬱茂含紅敷之繽翻怨清香之難留矜盛容之易闌必充給而後搴豈蕙草之空殘卷斂舷之逸曲感江南之哀歎秦箏倡而溯游往唐上

奏而舊愛還搴出離騷攲舷是采菱歌江南是相和曲云江南采蓮秦箏倡蘼茄篇唐上奏蒲生詩皆感物致賦魚藻蘋蘩荇亦有詩人之詠不復具敘本草所載山澤不一靁桐是別和緩是悉參核六根五華九實二冬竝稱而殊性三建異形而同出水香送秋而擢蒨林蘭近雪而揚猗卷柏萬代而不殞茯苓千歲而方知映紅葩於綠蔕茂素蕤於紫枝旣住年而增靈亦驅妖而斥疵本草所出藥處於今不復依隨土所生耳此境出藥甚多靁公桐君古之采藥醫緩古之良工故曰別悉參核者雙核桃杏仁也六根者苟七根五茄根葛根野葛根□口根也五華者堇華芫華檖華菊華旋覆華也九實者車前實槐實柏實兔絲實女貞實蛇牀實蔓荊實蔘實□□也二冬者天門麥門冬三建者附子天雄烏頭水香蘭草林蘭支子卷柏茯苓竝皆仙物凡此衆藥事悉見於神農

其竹則二箭殊葉四苦齊味水石別谷巨細各彙旣修竦而便娟亦蕭森而蓊蔚露夕沾而悽陰風朝振而清氣亙捎雲以拂杪臨碧潭而挺翠蔑上林與淇澳驗東南之所遺企山陽之遊踐遲鸞鷺之棲託憶崑園之悲調慨伶倫之哀籥衞女行而思歸詠楚客放而防露作二箭一者苦箭大葉一者笄箭細葉四苦清苦白苦紫苦黃苦水竹依水生甚細密吳中以爲宅援石竹本科叢大以充屋榱巨者竿梃之屬細者無篝之流也修竦便娟蕭森蓊蔚皆竹貌也上林關中之禁苑淇澳衞地之竹園方此皆不如東南會稽之竹箭唯此地最富焉山陽竹林之游鸞鷺棲食之所崑山之竹任爲笛黃帝時伶倫斬其厚均者吹之爲黃鍾之宮衞女思歸作竹竿之詩楚人放逐東方朔感江潭而作七諫其木則松柏檀櫟□□桐榆

櫪柘穀棟楸梓樫楞剛柔性異貞脆質殊卑高沃塉各隨所如幹合抱以隱岑杪千仞而排虛淩岡上而喬竦蔭澗下而扶疏沿長谷以傾柯攢積石以插衢華映水而增光氣結風而回敷當嚴勁而蔥倩承和煦而芬腴送墜葉於秋晏遲含蕚於春初皆木之類選其美者載之山脊曰岡岡上澗下長谷積石各隨其方離騷云靑春受謝白日昭只詩云鄂不韡韡也植物既載動類亦繁飛泳騁透胡可根源觀貌相音備列山川寒燠順節隨宜匪敦草木竹植物魚鳥獸動物獸有數種有騰者有走者走者騁騰者透謂種類既繁不可根源但觀其貌狀相其音聲則知山川之好興節隨宜自然之數非可敦戒也魚則鰻鱧鮒鱮鱒鯢鰱鯿魴鮹鯋鱖鱠鯉

鯔鱣鰬采雜色錦爛雲鮮唼藻戲浪汎荇流淵或鼓鰓而
湍躍或掉尾而波旋鱸鯊乘時以入浦鱖鮂沿瀨以出泉
鰻音曼鱧音禮鮒音附鱮音敘鱒音寸衮反鯇音睆鰱音
連鯿音毖仙反魴音房鮪音痏鯋音沙鱖音居綴反鱛音
上羊反鯔音比之反鱣音竹仚反皆說文字林音詩云錦
衾有爛故云錦爛鱸鯊乘時魚鱖音感鮂音迅皆出谿中
石上恆
以爲玩
鳥則鶤鴻鶂鵠鶖鷺鴇鷫鷞鶡繡質鶴鸐綏章晨
鳧朝集時鷁山梁海鳥違風朔禽避涼萋生歸北霜降客
南接響雲漢侶宿江潭聆清哇以下聽載王子而上參薄
回涉以弁翰映明鋻而自耽
鶤音昆鴻音洪鶂音溢左傳
云六鶂退飛字如此鵠音下
竺反鶖音秋鷺音路鴇音保鷫音相唐公之馬與此鳥色
同故謂爲鷫鷞鶡鶴鳥見張茂先博物志鸐音翟亦雉之

美者此四鳥並美采質皃音符野鴨也常待晨而飛鷗音己消反長尾雉也論語云山梁雌雉時哉時哉海鳥爰居臧文仲不知其鳥以為神也事見左傳朔禽鴈也寒月轉往衡陽禮記霜始降鴈來賓歲莫云鴈北向政是陽初生時萇生歸北霜降客南山雞映水自翫其羽儀者山上則猨猈貍貛犴獿猰猛山下則熊羆豺虎貘鹿麢麖擲飛枝於窮崖踔空絕於深硎蹲谷底而長嘯攀木杪而哀鳴猨音袁猈音魂貍音力之反貛音火丸反犴音五懸反獿音曼似貛而長狼之屬一曰貙猰音安黠反猛音弋生反貍之黃黑者一曰似⿰犭分豺音在皆反貘音元野羊大角麢音鬼珉反麖音京能踔擲虎長嘯猿哀鳴鳴聲可翫緡綸不投罝羅不披磻弋靡用蹄筌誰施鑑虎狼之有仁傷遂欲之無崖顧弱齡而涉道悟好生之咸宜率所由以及物諒不遠之在斯撫鷗鮍

而悅豫杜機心於林池八種皆是魚獵之具自少不殺至於白首故在山中而此歡永廢莊周云虎狼仁獸豈不父子相親世云虎狼暴虐者政以其如禽獸而人物不自悟其毒害而言虎狼可疾之甚苟其遂欲豈復崖限自弱齡奉法故得免殺生之事苟此悟萬物好生之理易云不遠復無祇悔庶乘此得以入道莊周云海人有機心鷗鳥舞而不下今無害彼之心各說豫於林池也敬承聖誥恭窺前經山野昭曠聚落羶腥故大慈之宏誓拯羣物之淪傾豈寓地而空言必有貸以善成欽鹿野之華苑羨靈鷲之名山企堅固之貞林希菴羅之芳園雖粹容之緬邈謂哀音之恆存建招提於幽峯冀振錫之息肩庶鐙王之贈席想香積之惠餐事在微而思通理匪絕而可溫賈誼弔屈云恭承嘉惠敬承亦此之

流聚落是墟邑謂歌哭諍訟有諸喧嘩不及山野爲僧居止也經教欲令在山中皆有成文老子云善貸且善成此道惠物也鹿苑說四眞諦處靈鷲山說般若法華處堅固林說泥洹處菴羅園說不思議處今旁林藝園制苑彷彿在昔依然託想雖粹容緬邈哀音若存也招提謂僧不能常住者可持作坐處也所謂息肩鐙王香積事出維摩經論語云溫故知新理既不絕更宜復溫則可待爲已之日用也爰初經略杖策孤征入澗水涉登嶺山行陵頂不息窮泉不停櫛風沐雨犯露乘星研其淺思罄其短規非龜非筮擇良選奇蒭榛開徑尋石覓崖四山周回雙流逶迤面南嶺建經臺倚北阜築講堂傍危峯立禪室臨浚流列僧房對百年之喬木納萬代之芬芳抱終古之泉源美膏液之清長謝麗塔於郊郭殊世

間於城傍欣見素以抱樸果甘露於道塲云初經畧躬自履行備諸苦辛也磬其淺短無假於龜筮貧者既不以麗爲美所以郎安茅茨而已是以謝郊郭而殊城傍然清虛寂漠實是得道之所也苦節之僧明發懷抱事絕人徒心通世表是遊是憩倚石構草寒暑有移至業莫矯觀三世以其夢撫六度以取道乘恬知以寂泊含和理之窈窕指東山以冥期實西方之潛兆雖一日以千載猶恨相遇之不早謂曇降法流二法師也二公辭恩愛棄妻子輕舉入山外緣都絕魚肉不入日糞掃必在體物見之絕歎而法師處之夷然詩人明發不勝造道者其亦如此往石門瀑布中路高棲之遊昔告離之始期生東山没存西方相遇之欣實以一日爲千載猶慨恨不早賤物重己棄世希靈駭彼促年愛是長生冀浮邱之誘

接望安期之招迎甘松桂之苦味夷皮褐以顇形羨蟬蛻之匪日撫雲霓其若驚陵名山而屢憩過巖室而披情雖未偕於至道且緬絶於世纓指松菌而興言良未齊於殤彭

此一章敘仙學者雖未及佛道之高然出於世表矣浮
邱公是王子喬師安期先生是馬明生師二事出列仙
傳洞眞經云今學仙者亦明師以自發悟故不辭苦味顇
形也莊周云和以天倪倪者崖也數經歷名山遇余巖室
披露其情性且獲長生方
之松菌殤彭邈然有間也

山作水役不以一牧資待各徒隨節競逐陟嶺刊木除榛伐竹抽筍自篁擿蒻于谷楊勝所拮秋冬藴獲野有蔓草獵涉蘡薁亦醞山清介爾景福苦以朮成甘以櫁熟慕椹高林剝芨巖椒掘蒨陽崖擿蘚

陰標畫見搴茅宵見索綯芟菰蒻蒲以薦以茭旣坭旣埏品收不一其灰其炭咸各有律六月採蜜八月撲栗備物爲繁畧載靡悉此一章謂是山作及水役採拾諸事也然漁獵之事皆不載楊楊桃也山間謂之木子藟音覆字出字林詩人云六月食鬱及薁獵涉字出爾雅朮朮酒味苦櫓櫓酒味甘並至美兼以療病櫓治癰核朮治痰冷椹音甚味似菰菜而勝刊木而作之謂之蔂茂音及採以爲紙蒨音倩採以爲染櫛音㪍採以爲飯採蜜撲栗各隨其月也

若適南北兩居水通陸阻觀風瞻雲方知厥所兩居謂南北兩處各有居止峯㟬阻絕水道通耳觀風瞻雲然後方知其處所

南山則夾渠二田周嶺三苑九泉別澗五谷異巘羣峯參差出其間連岫複陸成其坂眾流灌溉以環近諸堤擁抑以接遠遠堤兼陌

近流開湍淩阜泛波水往步還還回往匝枉渚員巒呈美表趣胡可勝單抗北頂以葺館殷南峯以啟軒羅曾崖於戶裏列鏡瀾於窗前因丹霞以赬楣附碧雲以翠椽視奔星之俯馳顧□□之未牽鶤鴻翻翥而莫及何但鸞雀之翩翾氿泉傍出潺湲於東簷桀壁對跱硿礲於西霤修竹葳蕤以翳薈灌木森沈以蒙茂蘿曼延以攀援花芬薰而媚秀日月投光於柯間風露披清於嵔岫夏涼寒燠隨時取適階基回互橑櫺乘隔此焉卜寢翫水弄石邇即回眺終歲罔斁傷美物之遂化怨浮齡之如借眇遯逸於人羣

長寄心於雲霓南山是開創卜居之處也從江樓步路跨越山嶺綿亘田野或升或降當三里許塗路所經見也則喬木茂竹綠畛彌阜橫波疏石側道飛流以爲寓目之美觀及至所居之處自西山開道迄於東山二里有餘南悉連嶺疊鄣青翠相接雲煙霄路殆無倪際從逕入谷凡有三口方壁西南石門世□南□池東南皆別載其事緣路初入行於竹逕半路闊以竹渠澗既入東南傍山渠展轉幽奇異處同美路北東西路因山爲鄣正北狹處踐湖爲池南山相對皆有崖巖東北枕壑下則清川如鏡傾柯盤石被隩映渚西巖帶林去潭可二十丈許葺基構宇在巖林之中水衞石階開窗對山仰眺曾峯俯鏡濬壑去巖半嶺復有一樓迴望周眺既得遠趣還顧西館望對窗戶緣崖下者密竹蒙逕從北直南悉是竹園東西百丈南北百五十五丈北倚近峯南眺遠嶺四山周回溪澗交過水石林竹之美巖岫隈曲之好備盡之矣刊翦開築此爲居處細趣密翫非可具記故較言大勢耳越山列其表側傍緬因以小湖鄰於其隈眾流所湊萬泉所回□□爲異觀也

氿濫異形首岦終肥別有山水路邈緬歸氿濫肥岦皆是泉名事見於詩云此萬泉所湊各有形勢求歸其路迺界北山棧道傾虧蹬閣連卷復有水逕繚繞回圓瀰瀰平湖泓泓澄淵孤岸竦秀長洲芊綿既瞻既眺曠矣悠然及其二川合流異源同口赴隘入險具會山首瀨排沙以積邱峯倚渚以起阜石傾瀾而捎巖木映波而結藪逕南澝以橫前轉北崖而掩後隱叢灌故悉晨暮託星宿以知左右往反經過是非巖澗便是水逕洲島相對皆有趣也山川澗石州岸草木既標異於前章亦列同於後牘山匪砠而是岵川有清而無濁石傍林而插巖泉協澗而下谷淵

轉渚而散芳，岸靡沙而映竹，草迎冬而結葩，樹淩霜而振綠，向陽則在寒而納煦，面陰則當暑而含雪，連岡則積嶺以隱嶙，舉峯則羣竦以巇嶭，浮泉飛流以寫空，沈波潛溢於洞穴，凡此皆異所而咸善，殊節而俱悅〔土山戴石曰砠，山有林曰岵，此章謂山川衆美，亦不必有故總敘〕其最居山之後事亦皆有尋求也〔春秋有待，朝夕須資〕既耕以飯，亦桑貿衣，藝菜當肴，採藥救頹，身外何事，順性靡違，法音晨聽，放生夕歸，研書賞理，敷文奏懷，凡厥意謂，揚較以揮，且列於言，誠特此推〔謂寒待綿纊，暑待絺綌，朝夕食飲，設此諸業以待之，藥以療疾，又在其外，事之相推，自不得不然，至於聽講放生，研書敷文，皆其所好，韓非有揚較，班固亦云揚較古今，其義一也左思曰爲左右揚較而陳之北山二園南山三苑百果備列乍近乍遠羅行布株迎早候晚猗蔚溪澗森疏崖巘杏檀棎園橘林栗圃桃李多品梨棗殊所枇杷林檎帶谷映渚椹梅流芬於回巒椑柿被實於長浦莊周云漁父見孔子杏檀之上維摩詰經棎樹園楊雄蜀都賦云橘林左太沖亦云戸有橘柚之園桃李所殖甚多棗梨事出北河濟之間淮潁諸處故云殊所也畦町所藝含蘂藉芳蓼蕺蘘薺葑菲蘇薑綠葵眷節以懷露白薤感時而負霜寒蔥摽倩以陵陰春藿吐苕以近陽葑菲見詩柏舟中管子曰北伐山戎得寒蔥戾闌云寒蔥挺園灌漑自供不待外求者也弱質難恆頹齡易喪撫鬢生悲視顏自傷承清府之有術冀在衰之可壯尋

名山之奇藥越靈波而頽轅採石上之地黃摘竹下之天門摭會嶺之細辛拔幽澗之溪蓀訪鍾乳於洞穴訊丹陽於紅泉此皆往年之藥卽近山之所出有采拾欲以消病也安居二時冬夏三月遠僧有來近衆無闕法鼓朗響頌偈清發散華霏蕤流香飛越析曠劫之微言說像法之遺旨乘此心之一豪濟彼生之萬理啓善趣於南倡歸清暢於北機非獨愜於予情諒僉感於君子山中兮清寂羣紛兮自絶周聽兮匪多得理兮俱悅寒風兮搔屑面陽兮常熱炎光兮隆熾對陰兮霜雪愒曾臺兮陟雲根坐澗下兮越風穴在茲城而諧賞傳

古今之不滅衆僧冬夏二時坐爲之安居輒九十日衆遠
近聚萃法鼓頂偈華香四種是齋講之事析
說是齋講之義乘此之心可濟彼之生南倡者都講北機
者法師山中靜寂實是講說之處兼有林木可隨寒暑恆
得清和以　好生之篤以我而觀懼命之盡吝景之懽分一
爲適也
往之仁心拔萬族之險難招驚魂於殆化收危形於將闌
漾水性於江流吸雲物於天端覩騰翰之頡頏視鼓鰓之
往還馳騁者儻能狂愈猜害者或可理攀　云物皆好生但
以我而觀便可
知彼之情客景懼命是好生事也能放生者但有一往之
仁心便可拔萬族之險難水性雲物各尋其生老子云馳
騁田獵令人心發狂猜害者恆以忍
害爲心見放生之理或可得悟也
哲人不存懷抱誰質
糟粕猶在啓縢剖袠見柱下之經二覩濠上之篇七承末

散之全樸救已頹於道術譬夫六藝以宣聖教九流以判賢徒國史以載前紀家傳以申世模篇章以陳美刺論難以覈有無兵技醫日龜筴筮夢之法風角冢宅算數律曆之書或平生之所流覽竝於今而棄諸驗前識之喪道抱一德而不渝莊周云輪扁語齊桓公公之所讀書聖人之糟粕滕者金滕之流也柱下老子濠上莊子二七是篇數也云此二書最有理過此以往皆是聖人之教獨往者所棄伊昔齠齔實愛斯文援紙握管會性通神詩以言志賦以敷陳箴銘誄頌咸各有倫爰暨山棲彌歷年紀幸多暇日自求諸已研精靜慮貞觀厥美懷欣成章含笑奏理謂少好文章及山棲以來別緣既闕尋慮文詠以盡

暇日之適便可得通　若迺乘攝持之告許養達之篇畏絕神會性以永終朝

迹之不遠懼行地之多艱均上皇之自昔忌下衰之在旃投吾心於高人落賓名於聖賢廣滅景於崆峒許遁音於箕山愚假駒以表谷涓隱巖以搴芳庚宅嚳以葆和輿陟峩而善狂萊庇蒙以織畚徐韜魏而采茅皓棲商而頤志卿寢茂而敷詞鄭別谷而永逝粱去霸而長噫高居唐而胥宇臺依崖而穴墀咸自得以窮年眇貞思於所遺　老子云善攝生者莊子云謂之不善持生又云養生有無崖達生者不務生之所無奈何絕迹上皇下衰賓名義亦皆出莊周廣成子在崆峒之上黃帝之師也許由隱於箕山堯以天下讓而不取愚公居於駒阜齊桓公逐鹿入山見之涓子

隱於岩山好餌朮告伯陽琴心三篇庚桑楚得老子之道居嵔壘之山楚狂接輿楚王聞其賢使使者聘之於是遂游諸名山在蜀峨眉山上徐無鬼巖棲魏侯勞之問先生苦山林矣乃肯見寡人無鬼問君紬嗜欲屏好惡則耳目察矣常采莘栗老萊子耕於蒙山之陽著書十五篇言道家之事織畚爲業四皓避秦亂入商洛深山漢祖召不能出司馬長卿高才而處世不樂預公卿大事病免家居茂陵鄭子眞耕隱谷口大將軍王鳳禮聘不屈遂與弟子別於山阿終身不反梁伯鸞隱霸陵山中耕織以自娛後復入會稽山臺孝威居武安山下依崖爲土室采藥自給高文通居西唐山從容自娛也

暨其窈窕幽深寂漠虛遠事與情乖理與形反既耳目之靡端豈足迹之所踐蘊終古於三季俟通明於五眼權近慮以停筆抑淺知而絕簡謂此既非人跡所求更待三明五通然後可踐履耳故停筆絕簡不復多云冀夫賞音悟夫此旨也

論守禦大計狀　宋　李光

臣以孤蹇無能之身蒙陛下起之流落放棄之中更歷內外浸冒器使十稔於茲布衣衡茅之士遭遇如臣者果幾人哉顧惟天地父母之恩雖碎首屠肝豈能稱塞臣到任未幾恭聞大駕移蹕平江府將親御戎輅誓師兩淮此臣捐軀効命之秋念方拘縻郡綬留滯海濱上之不能吐奇策以佐軍謀下之不能執干戈以衛宗社乞扈從則貽干進之譏獻謀議則興空言之誚夙夜憂懣莫知計之所出臣聞忠臣不以出處二其心正士不以險夷易所守臣豈

敢預憂小人不根之言遽有所畏避哉况臣陛辭之日陛
下嘗許臣以言倘有所見其忍緘默臣伏覩關報劉光世
張俊捍禦大敵三捷繼聞海寓流傳孰不慶幸然臣聞强
敵擁兵淮陽宿亳之間坐觀勝敗此其志不淺趙充國之
擊敵以殘滅爲期孫權每戒江上諸將不貪小利臣是以
未敢以諸將奏捷爲喜而方以金國大隊深入爲憂昔楊
琨問朱伺曰將軍前後擊賊何以每勝伺曰兩敵共對惟
當忍之彼不能忍我能忍以是勝耳漢祖與項羽對壘晉
宣與諸葛亮相持方形勢未便孤軍遠來未嘗與之爭鋒

周亞夫深壁以卻吳軍光武堅營以降銅馬此皆已事之驗臣觀今日敵人布置必有主謀願陛下勿輕此戰今朝廷所恃獨一韓世忠彼必以精鋭當之而劉麟輩出沒光黄盧壽間以牽制諸將而分吾力金兵必自淮揚以入楚泗若社稷之靈世忠足以禦之則無復事矣萬一衆寡不敵便有瓦解之勢昔楚屈完謂齊桓公曰楚國以方城爲城漢水爲池雖君之衆無所用之魏文帝至廣陵見波濤洶湧歎曰此天所以限南北也兵法謂善守者敵不知所攻今陛下已據東南形勝之勢敵人萬里遠來投兵死地

利於速戰而不利於遲久今不務持重而誇一世之功決一旦之命臣恐正墮敵計非策之得也臣狂瞽之言曩備數從列方聞燕進退造膝之語所謂萬全之策嘗爲陛下陳之矣金國往年來狩無所得去冬又無所得而去士馬折傷固已大半異時雖欲復驅衆攻我孰肯爲用者此乃坐制强敵之術臣愚伏望陛下戒勑諸將各務持重不過隱忍三兩月間彼師老食盡然後廣設方畧出兵追擊或邀其歸途我得勝算矣僞齊恃金爲强金師既退則劉豫父子豈能立國乎復宗祖之故疆還二聖於沙漠當在此

舉惟陛下特加聖慮臣狂愚冒昧無任惶懼激切待罪之至謹具狀奏聞伏候勅旨

林泉歸隱記　　明　張居傑

古虞東郭行不二舍近曰朱巷其土廣衍以沃修篁嘉樹蔚然蒼翠迴巒疊巘秀巖屏障清流曲折襟帶乎左右芳野幽禽日接乎耳目是宜隱者之所居也朱氏子徽世居其地外力田園内勤詩書既滋且殖爰質而文其心休休焉以和其貌油油焉以澤樂此林泉之美若將終身焉洪武中入庠永樂中辟掾有司考最績入銓曹竟以母老疾

辭翩然東歸自號林泉歸隱與兄子徵搆同心堂躬孝敬篤友愛延明師教諸子以敦善行縉紳士夫莫不高尚其志而推重之贈以詩章予謂李愿歸隱盤谷初未知合於義否也得韓子之文而名益重人皆爭效慕之然世所謂隱者固非君子之得已也聖人時而行時而止無可無不可子徵之隱時乎否乎吾知子徵抱奇瑰際明時振刷羽毛淩厲霄漢於以世用何施不宜而乃翩然效慕乎愿之樂而林泉以自適也耶噫子徵之隱蓋有不獲已之至情而又非李愿之可同日語者抱用世之具傷考殉國惻母

孀居陳情終養官顧不願祿甘一永辭超時特出於紆紅曳紫之中浩然長往於丹崖青壁之下蒼顏皓首幅巾優悠藜杖高蹈於雲間塵外之人通而隱隱而通孝亦忠忠亦孝豈絶然果於忘世者也身江湖心廊廟跡泉石行公卿非尋常隱者流也敢記其心於卷末云爾

處士友山徐先生墓誌銘

潘府

徐之姓出自伯益之受封也後世遂以國爲姓而蔓延天下矣宋湻祐間教授慶元者鈇道經上虞樂管鄉之勝家焉簪纓之光相望至今公去教授七世僉事喬年公從祖

隱居竹溪君公父偉儀觀優才幹而宏孝義傑士也景泰
中歲大饑家且火重以官府苛刻之征門祚涼矣公以一
身百支再造門牆而重堂室左右二親作厥家成立諸弟
及孤姪皆爲有於無而綽然者也以四物教子車螢孫雪
范粥泣荼以三事自怡撫牙琴醉陶酒弄邵丸客至必款
洽旬日談吐則滚滚道義謔浪則潑潑春風也常掌萬石
鄉食其惠而曲直質焉工史學精楷墨善吟詠深而古尤
妙晉揚之學從孫子熙第進士直文華殿亞卿也亦妙此
常與之杖屨於山目無遺穴子熙曰造化精妙先生盡之

矣公諱澄字本淵別號友山生永樂癸卯三月十六日卒成化甲辰九月廿四日配劉氏平淡先生之仲女也優四德爲九族母者師合葬於洙溪覆釜穴子二長文相配劉氏繼黄氏卒從葬於公之墓左禮也次文彪應經明行修聘對策詆逆宦竟坐貶不起配姚氏孫十烏虖公之生也戴道義而居公之歿也挈道義而歸於道義乎幾得而存歿也奚悲銘曰虚乎其中充乎其容非官而榮非禄而豐壁立塵空白雲春峯墳乎斯翁千古高風

慎簡輔臣疏　　陳紹

爲愼簡輔臣以崇政本事臣等伏覩邸報八月十五日欽
奉手勅吏部嚴嵩著兼武英殿大學士在內閣同鑾辦事
仍且掌禮部事欽此欽遵臣等有以仰見陛下用人圖治
之盛心矣臣等竊惟內閣輔臣國初以翰林學士等官入
侍備顧問後以六卿兼領其職入閣辦事其於天下之事
咸共平章而內閣之寄始重委任之隆亦加於昔矣夫其
寄重則不可以輕畀任隆則必期於得人方今以堯舜之
主君臨在上固已鞏天下於泰山磐石之安然邇年以來
邊境多事征守未息軍國調度之事日夕敷聞而絲綸密

勿之任賴以贊襄設非純德之儒宿望之老以充兹選鮮有不辜負陛下之倚託者切照原任禮部尚書嚴嵩歷任部事勤勞固有可錄然其人外爲謹飭中存巧詐内無可否事多依違競奔趨而賤名檢崇文飾而鮮忠誠至其昵匪人黷貨賂各有指實屢被言官論劾已莫逃於聖明之洞鑒矣今以内閣重寄畀之於嵩臣等仰知陛下爲天下任人必不以輔臣之位私一嵩也然陛下以天下之公心用嵩而嵩或不能以公心報陛下臣等恐其承命之後滌私未盡故態復生必將有忝於成命其何以上副聖天子

倚畀之盛心耶且輔臣係表帥百僚之任天下之所望而觀焉者也如嵩者庸劣素鄙於縉紳識度見輕於士論以之列置具瞻將何以風厲天下羽儀羣工昔唐楊綰拜相京兆尹減騶從郭子儀徹座中聲樂頃刻轉移風采立見宋司馬光拜相遼人戒飭邊吏慎無生事開邊隙遠人戢畏不俟崇朝是二臣之德望素所重於人者然也嵩之被命果有是耶嵩爲禮部止一職爾尚不能盡屢被論劾況今重膺寵命又安望其克勝而無負哉伏望陛下收嵩內閣成命別選碩德重望以充斯任則宗社幸甚天下幸甚

臣等與嵩素非相識亦無私憾但稽其素履采之輿情似有不相協者臣等待罪言官有所聞知不敢隱默謹昧死以聞臣等無任戰慄隕越之至

金罍山八對　陳絳

上虞城西南偏有山踊跱潔立於煙市野水中與雉堞上下老檜修篁停雲寫霧望之鬱然者金罍山也山之崇不竟數仞廣以畝計者百而羸虞四面多大山皆障起壁絕獨是邈焉蓋魁父然而山稱舊矣志曰漢魏伯陽氏所嘗棲眞也迨晉太康中有於此濬井得金罍者故山名云陳

子者邑人讀書其山而樂之狻焉將遂據而有之因自署金罍山人或問金罍山人子何選於是夫升高望遠可以曠懷攬幽極深可以怡性適金罍有一與若吾虞故饒佳山水諸足以稱子需矣昔者謝公之屐翩焉猶曰疲於奔命弗之遑也而子果儻然無意乎何以蹈埳井而雄視東海與山人對曰唯唯否否誠然子之言然味之酸鹹嗜也子能爲我耶吾聞之卽境而適不在高大山曰高乎泰山高矣崑崙俯之俯崑崙者無山與是亦焉所底止如以爲皆山而已矣則嵬乎萬仞非有餘於絕頂之外儉乎一邱

非有蹙於容足之中故曰毫末之爲邱山也而何羨乎夫幽顯喧寂而心爲境天下非有眞境也逃名者必山林濫巾竊吹者不黷乎誠虛吾之心以遊於世則畔也可藏市也可隱卽蟻邱有自埰之民而馬門有肥遯之吏由此觀之委順而逍遥矣又何必攬長蘿援飛莖跨穹窿之懸磴歷幽昧之絶徑守枯乎介山發狂乎華峯而后謂之寥朗者哉吾之讀書其山也有年矣蓋私心誠慕而樂之自是而周遊天下衡足之所蹠衡睇之所及以爲未嘗有山焉者固已神恍三山而氣壓五嶽彼會稽四明赤城雁蕩太

徵元蓋之天金華寶陀方蓬之島擊雲薇日喬絶於吳越
者舉不足以供吾之一瞬而況百樓五癸蘿巖蘭皋妄有
名字於吾虞者乎是何以易吾之處乎問者曰固而不可
徹者子之謂矣抑宇宙此山子烏得晏而有之夫山之一
草木盡屬他人之籍而子將奚攘耶山人對曰唯唯否否
有也者將笥藏而鍵扃耶彼固天地之塊物矣誠會之以
心而遊之以神則過而未始留取而孰或禁故天地萬物
而富有於吾性之內者充如也而獨此山也與哉語曰仁
者樂山有其山者也孰謂巢由買山而稱箕山者必巢由

其精神性術既恆與之宜而氣魄力量又適與之對故生而以其實契之歿而以其名配之度其賢豪特達感慨而登臨者古今豈乏之也耶而曾莫與之爭安知金罍非吾之箕潁也耶問者曰是亦或之然矣藏山於澤夜半有力者不負而去乎夫山人得而有之則魏氏固窟宅於此矣山人對曰唯唯否否斯亦未覩厥理也相尚以道不聞以力元凱之賢而不能與叔子爭一峴首其道貶也夫有對而後與之爭儒者之道無對於天下而神仙者流適能役其游魂倚險而與吾角斯邱也聲吾儒之說鼓行而前猶有

繳乎將圖其督亢縞車服而陳乎道左吾得有斯山信矣問者於是默默不復致辯而去頃之山人亦隱几就睡夢有鬚眉皓潔偉衣冠者肅前曰予山之靈也辱子之不鄙予甚善雖然辱予守矣擣人者乘其虛子毋迺它日馳子以當塗而遺我以空山與則厚顏蒙恥瞋膽而怒目者訌有人矣卽山之草木皆敵兵也況宿其不平而伺者與山人愧其言踧踖未對瞿然就悟歎曰非山君爲我耶儒者之道不苟爲富貴而神仙之所棄也將以贗儒而富眞仙勝負之變倏然移矣然安可終視也耶迺酌於九井之水

而矢之曰予它日甘心富貴往而不返負此山也者幸爲賦以招我不然將移文以謝我

劾嚴嵩疏　徐學詩

刑部江西司署郎中事主事徐學詩謹奏爲奸貪輔臣欺君誤國乞賜罷斥以清國本事頃者京師戒嚴畿甸被兵焚殺之慘前所未有致廑皇上勅諭文武羣臣凡有見聞人人盡言昨又指示部院科道諸臣仰見皇上憂勤惕厲之心先事預防之慮羣臣莫不震疊思效條舉目陳而未嘗有探本之論盡言於皇上者臣備員郎署非不知隱默

遷延可以苟祿全身而出位言事罪不容死伏念委質爲臣身非己有覩事積憤義激於衷又遵奉聖諭人許盡言所以不避貴勢冒昧陳之臣惟外攘之備在急修內治內治之要貴先端政本歷觀前史得人則理匪人則亂其言似迂其應如響竊見大學士嚴嵩位極人臣職司政本奸險莫測貪黷無止以內動貴之交結以外羣小之趨承賄賂塡門舟車載道凡文階武職自布按叅遊以下瑣瑣無論至於巡撫總兵等官每一遷擢例索銀千兩諸他珍奇玩異之物擅擬上用者難以數計蓋不如是卽不能安其

位凡此非扣軍衣糧則剝民脂膏而來也故嵩每歲四季遣家人數十輩回籍樓艪坐船更番迭運擅役夫隸冒支關稟沿河驛遞州縣望風迎順嵩輔政十年不爲不久不爲不專大臣不法小臣辭廉民貧軍削日甚一日釀成國患其所由來漸矣而嵩猶泄泄焉自爲得計日肆欺罔臣嘗記嵩往歲參論序班龔楛等疏內無故自表云寸絲尺帛不敢收受門可羅雀等語萬目所視萬手所指將誰欺欺天乎然此特無事時耳見今邊事孔棘武備廢弛正宜張皇六師克詰戎兵之日況身居元輔世受皇恩如嵩者

尤宜食不下咽寢不帖席創往更新捐軀殉國圖贖前愆而何謬引老子佳兵不祥之説以謾情問且貪饕如故恬不知省蘇州總兵羅希韓奉旨拿問嵩子太常卿嚴世蕃接收失事問革李鳳鳴銀二千兩囑伊代任他日鳳鳴必將掊尅軍卒取償倍利尚安望其練精蓄鋭爲京師之屏衞哉漕運總兵缺員世蕃又接收年老昏庸郭琮銀三千兩囑伊推補他日琮必將掊尅軍卒取償倍利又安望其釐奸清弊爲漕河之保障哉此二臣者失事老廢衆所共知又當多事之秋一旦舉而委之重任聞者莫不錯愕問

故而臣亦得以知其概又近日史館書辦例與八品此聖恩也該部未題之先世蕃即邀爲己力而預索顧希曾陳世良銀一千二百兩王府科鈌至猥瑣也舊吏未滿之日世蕃即許爲註撥而預受盛克相銀三百兩蓋大而銓曹本兵之選擢起用徵而官辦胥吏之營求頂撥以世蕃權臨勢託而得美地者十嘗八九臣徒見積忿痛心流毒滿耳固不能以悉數而亦不敢以瀆聞綱利之密不遺鉅細誠前此輔相所未有之貪亦所未有之富也夫嵩節蒙皇上之優賚久叨一品之厚祿歷計不下數萬似可充其欲

矣而不知足承平無事賣官鬻爵賂遺請託之贓何啻百萬似可充其欲矣而不知足奈何宵旰不遑國家多事緊急用人之際京師安危糧餉緩急所倚賴之臣而復以賄囑之李鳳鳴郭琮爲之不知嵩之心何必也又自九月初旬以來嵩之私宅後門暗集車輛數十搬運行李出張家灣旬日未息本月十三日黎明時分嵩又潛自直所出私宅看發女轎四十餘頂回去非嵩眷屬卽世蕃衆多之妾媵也今潞河樓船一十二號滿載南旋亦自知其非各船封識悉假刑衙門名號以誑道路臣聞君逸臣勞又聞主

憂臣辱嵩既平時不克任事以成主上之逸臨變又乏之籌策以舒宵旰之憂及事稍盗人尚驚洶即顧其家屬重賄悉從而南以先衆望於己得矣如君父何如國事何負皇上天地罔極之恩積天下神人共憤之禍不知嵩之心何心也臣受職至今每接士大夫論及嵩父子無不切齒痛恨而七八年間竟無一人少敢牴牾誠以內外盤結積久勢成而世蕃狡鷙擅執父政諸衙門奏請稍涉疑畏者必先關白世蕃而後聞凡票擬密經其手故勅旨未下而世蕃即以宣示於外又嵩權柄足以假手下石機械足以先

發制人勢力足以廣交自固乘機搆隙足以示威脅衆文詞便給足以飾非强辯而精神警敏又揣摩精巧足以趨利避害而彌縫缺失其私交密會令色甘言又足以結當路之懽心而緘其口即巨奸老猾鮮能逃其術者幸今天威在上離照方中先經論嵩者不能顯禍於正言直指之時往往託事假人陰中於遷除考察之際臣晚進不能悉記姑即目覩如先任給事中王爗陳瑄御史謝瑜童漢臣等彼時俱蒙聖恩寬宥而今安在哉故天下之人視嵩父子如鬼如蜮不可識度痗心疾首敢怒而不敢言者誠畏

其陰中之不測也伏乞皇上勅下科道備加詢訪指實条論如果臣言不妄將嵩父子並賜罷斥別簡忠良委任責成乾綱總攬於穆清之上而六卿分治其職自無阻撓箝脇之患天下官司庶府庶幾革心向化而安攘之政一舉可振內順治而外威嚴尙何強敵之足患哉此聖諭所謂破敵攘外之大端也昔宋臣岳飛以精忠神算之將當偏安板蕩之餘論天下太平不過曰文官不愛錢武官不惜死而已況今四海一統聖人在天子之位又何太平之難致然大臣不正而責小吏之廉必不可得文臣愛錢而責

武臣之死亦不可得今巷街小民亦相語云敵人到門前閣老還要錢有口不敢言況陳列食祿者乎故臣不量孤寒踰分觸權於嵩實無一毫之私怨惡也倘涉虛誣甘受欺罔之誅死無悔憾謹奏

貞素先生垣溪葛公行狀　謝瑜

貞素先生諱滂字天恩號松窗姓葛氏其先瑯琊諸縣人也後徙於陽都五代漢時有諱政一者爲上虞令民德之因家焉以儒世其家國初時有諱貞者號悠然以學行著累徵不就有悠然集行於世先生之高祖也悠然生啟永

樂中爲監察御史御史生埥以孫貴贈通議大夫大理寺卿配鄭氏贈淑人生錬號味清嗜學篤行有蚓吟稿藏於家配丁氏生先生先生生而岐嶷温粹潛心志學味清公乃教以學易母丁氏勤儉敬共嘗貶食縮衣以佐其贏糧負笈之費於是躍川北巖張公鑑塘謝公皆以易學名於士林先生及其門各得其蘊奥晝習夜思意有所得細書密記寒暑飢渴不知也居邑庠以醕謹篤學稱爲文不事葩藻惟務達意近裏往往於時好弗投而辨析淹貫每有獨得質疑辨惑者戶外之屨常滿假館受業者至無地以

容瑜亦分其門下半席者也束脩必擇而後受貧不給者
時以鹽米薪蔬繼之教必先躬行而後文藝誘掖啟迪各
隨其量而尤必出於至誠故多所成就少時父母多病湯
藥必親製親嘗因明於醫藥及卒哀毀幾絶喪葬必誠必
信墓在董家嶴悠然公之側去家十里而近歲時肅衣冠
展省至老不廢瑜及門時髮尚短先生之冢嗣安甫楠尚
未蓄髮然英悟不羣出語輒超長者先生喜曰吾不見於
吾身於吾兒見之矣比長有聲於庠校輿望攸屬而猶未
利於有司先生無悶仲子櫺亦爲邑庠生先生慨然歎曰

（光緒）上虞縣志校續　卷四十三

自少窮經不爲不久矣乃今白首與兒輩稱弟子員豈宜然哉欲焚筆瘞硯而理耕釣之具時督學陳岑山公留而難之通學師友備呈表其志行始得請自是益究心於東垣丹溪之術每出己意授劑輒効歲市佳藥以應邑人之求而不責其報故人稱之爲垣溪先生嘉靖庚子安甫以易薦於鄉先生不色喜甲辰登進士出宰常熟先生語之曰官以父母名豈易稱乎惟汝勉之又貽書戒之曰知汝不貪吾無慮矣吾嘗見廉者多刻亦有皦皦嶢嶢以致污缺者殊不知不貪固居官常分耳可自多乎惟汝戒之追

迎養於官所每食必舉手加額曰君賜也汝知圖報吾食始甘先生從兄大理兩溪公嘗宰五河守邵武從子大參巵山公嘗守淮皆有惠政民遺思俎豆之必舉以爲勸吾鄉昔有宰常熟者以貲甲邑里而今澌盡矣必舉以爲戒又嘗曰歲給祇候當役其力不當入其値雖有例亦充類未盡之義安甫并卻之論者以爲矯枉之過先生聞之曰與其不及也寧過昔一峯羅公不受是或一道也安甫奉以周旋益加砥礪爲廉仁稱首竟以皦皦致誣謗落職士民咸奔走欲白其事先生令止之及代巡禩岡徐公察其

誣奏辨復職候於銓部者踰二年終以無力阻閣先生爲書召之曰非道而得貧賤君子不去汝何栖栖如是戀雞肋耶安甫乃歸先生平居寡嗜慾善調攝無少恙咸謂期頤未艾也丙辰正月十二日晡食後暈而復蘇曰吾無恙見子若孫環侍林立曰吾子孫可做好人足以下報吾親也至十三日瞑目不語親族來問疾頷之作辭謝意曰某某俱不爽至戌而盡距其生成化己亥享年七十有八瑜與同門龍巖尹胡君景華湖口尹趙君華暨同志數輩來敦其襄事乃相與謀曰先生素位而行遯世無悶宜耀而

紹興大典 ◎ 史部

弗耀也可私謚之曰貞素遂題其旐曰貞素先生先生自少不妄語不苟取予事親以孝閨夫婦敬相待如賓教子嚴而有方遇鄉黨私而有恩與人交無底裏未嘗疾言遽色雖無過加之不怒屢空晏如也配范氏以賢淑稱於宗黨子二長卽栴娶俞氏次檣娶錢氏孫男八烇娶徐氏繼娶葉氏炯娶俞氏燫娶徐氏俱庠生爌聘丁氏烜焌炘聘潘氏煙曾孫男三坤元坤亨坤成曾孫女一祚[允]蕃衍未可量也其子若孫以嘉靖丁巳年二月十八日奉先生柩葬於姥嶺之陽安甫抆淚語余曰君辱與孤其筆硯於先

君之門狀先君者必屬於君余不佞擴其槪俾扣諸立言君子徵銘焉

賓湖賦　謝讜

蓋山子一日兀坐草堂遐聽野鶴朋儔絶臨懷抱頗惡忽有客來自西郊充充落落厥裘惟輕厥巾惟角近逍遥之莊生類傲放之康樂蓋山子乃張目以瞻肅容而作知其爲竹林夙侶斯文先覺相與諷乎四詩亦浪談乎八索既而白雲墮影清風徐來胡奴將命戮魚淨杯獻酬屢屢玉山欲頽陶然鼓興分題展才蓋山子遂製賓湖之章其辭

曰虞邑有勝蓋湖爲多發源萬壑支流白河南排鳳嶠東擁龍堎滄溟北繞沃壤西羅芻子晨往澹煙曳簑漁人晚罷款乃肆歌鷺依蘋而玉立鯉傍藻而擲梭木鬱或以棋岸花繽紛以映波時春則万芽茁青鶯喉遥囀日暖泥融爭飛紫燕時夏則蒲劍橫洲蓮妝映面陣陣蜻蜓依稀交戰時秋則鴈落清音楓顔倏變霜降水涸涯涘盡見時冬則冰玉嶙峋雪揚手片一鳥不飛釣垂獨綫或天風微動浪醒鷗眠或斜陽開霽霞齊鶩鶩或浸當空之月或招過雨之泉或㶁㶁以開鏡或搖搖以颺船西湖媲麗鑑湖並

妍主人賓此意豈徒然不與東南綈美不與禮度周旋不與繾綣乎罍餠不與講究乎簡編相對望言有親無斁罔計歲年弗拘朝夕詎始密而中疎實情投而意戚矧其召之不至遠之不隔鄙孟嘗之三千邁田横之五百允矣鹿鳴之嘉展也魚麗之德是以賓之愛主百年不足多主之愛賓三公不足易主贈賓以百篇賓酬主以一碧事未前聞樂將胡極愧上林之羨材乏蠵扇之勁力佳趣難彰幽懷莫測祇貽蓋湖之羞何以取主人之懌主人曰不然吾將邀吾賓謝吾子構軒於原勒文於石旣徜徉乎四時且

光照乎萬歷

龍王堂碑記

謝讜

夏蓋山之陰距巔若干武雲巖峭立巖下有潭廣可丈許深不踰尺泉澄澄可鑑冬夏不盈涸或亢旱彌旬靡損恆浸四旁幽草蘙薈詭石磈礧相傳有神物出沒其中視者所稱黑白二龍王是也每歲五六月間見於雲端則歲大稔人咸德之顧妥靈無所祀報弗便余未第時夢示庇佑意甲辰遂捷南宮浩德終不忘乃於辛亥仲春吉卽夫人廟西隙地剏制堂三間左右室各一間甃石爲臺斲木爲

龕倩工程國用貌二王而以雷聖處其中蓋鈞有啓文錫禧之澤者也粲然就緒萬甿抃躍慶元靈之永託禱祭之有歸僉請刻碑堂左謹齋沐而爲之銘銘曰應元普化參顯元威神變罔測淵躍天飛赤螭文蛟素虯黔鼉波端雲際作隊前呵易沴爲祥濟暘以雨畬有秫穲境無螓土佑彰綏厄拯溺銷戎屢彰厥異並赫其功觀定揆日掄材孔艮麓基爽塏遹構閎堂滄溟蕩北崇巒障南東列臨岫西望赭龕檜柏簬松徑筠渚荻露靄嵐橫蒼圖翠積乾坤不毀茲堂永存昭示遐禩爰勒斯文

贈趙漁江序

謝讜

曹娥江順流而下二十里許地名西華蓋虞之佳壤也漁江趙公產其間實維眞隱余心雅重之而竊怪其漁之稱也公少炳睿譽業舉子垂十年六經羣籍窮討忘昕夕可謂讀矣腴畬繞屋驅犢犁雲旣種旣穫鼓腹以慶有秋可謂耕矣耕則敦本業讀則與賢聖伍二者綽乎心樂之適塵也漁何爲也哉公聞之囅然笑曰叟知其二未知其一也吾廬距江邊而吾好漁朝持竿而往磯苔印屐馴鷗不飛逾午虛笭怡然歸飯暮持竿而往纖雨忽霽蘋風拂衣

凝目霞光不覺白魚之入手也擕而授諸婦烹以椒酌以桑落不數觥酶然醉矣東山月出浩歌滄浪斯時也宇宙不知其寥廓又惡知所謂軒冕若讀與耕則莫敢廢或耕於漁先或讀於漁後三者循環迭應用以終老稱漁江者舉其尤適者爾余歆之曰有是哉公之樂也余衰甚於拙學樵荷蕢山中聞嚶嚶鳥鳴輒思公第未得從公江滸續漁樵問答之休緒云

遊三湖記　　謝讜

壬寅三月三日蓋山子潔舟載樽偕半塘子遊夏蓋湖柔

風翻袂雲澹絮紛方數里已成輿矣停舟登九峯山迴蟠若龍叢蔦若躍錦鱗訪陳見川不過復舟至祈山下牧子競歌雙暈軒翥桃莊杏塢飄旆若招過溤山訪南岡子益醪多篋徵酣縱狂放舟至鏡潭波浮金碎瀏凫弄萍蓋山子扣舷而歌歌曰春日載陽湖溶溶矣春服既成我友同矣時哉時哉思無窮矣於是儵鰷亂躍腴鯉並泳若起聽歌者過小穴魚舠往來數塢點碧眞天開圖畫也薄暮登驛亭山循厓謁朱買臣廟嵐横霞盡眉月遠天緩步竹旁泉灑灑入耳未幾嘯虎嚎猿恐然歸臥篷底明日過石堰

進白馬湖綠漾鴨頭四山影落讙聲谷應斜柳拂衣半塘子曰不減夏蓋也登田山又登月山訪趙象山不遇過三畏子東五里楊家溪又五里蘿巖山以南岡子三畏子遲於行不往僅三里謁宋太祖廟高松逼漢側磴苔芳可停翫也茆檐雞唱午煙欻飛飲三畏子別墅鳥嚶鳴侑觴過陳石虎嶼訪龍岡散人又偶會海環子相與登龍松嶺坐觀音堂攢峯異卉雲生履外恍乎躋方壺而隔塵世俯視白馬則隘矣散人折纖筍抽螺鱠鯽鱵鼉促飲燭再然乃已宿猗玗洞石榻紙幃僊僊如也又明日尋曲徑度三四

嶺謁西橫塘廟爭取碧桃遂借二小艇汎上妃湖荇絲繫篙銀鵝隊舉三畏子問南岡子曰此何如夏葢海環子大笑爲不逮甚也出三條塘更舟至百官謁舜帝廟活石參璐長江流帶會稽諸山鬱鬱送青與不可了忽原舟來迓別散人三畏子而還是游也海環子半塘子俱有龍岡歌南岡子有買臣廟詩葢山子有懷舜帝詩

雲南道監察御史狷齋行狀　　謝讜

公諱瑜字如卿別號狷齋姓謝氏晉太傅文靖公之裔世家上虞之東山趙宋時曾七府君徙本縣後山國朝以來

代有名德洪武中福建僉事肅字原功以文學著正統己巳通政使澤扈蹕塞外被擒於也先不屈死之正德中刑部郎中元順政行重於世公曾祖諱洪字時治祖諱俊字叔英父諱允中字執之爲太學生慈行好施嘗以百金脫陳生於阨早卒以公貴贈知縣母朱氏封太孺人公九歲而孤太孺人教之學質穎功勛章采煥發十八補邑庠弟子員督學者即拔公高等名蔚蔚起嘉靖戊子薦於鄉壬辰登進士第癸巳知蒲城縣勸農桑寬稅役禁伏奸豪俾不得逞窶者弱者煦嫗有餘恤以俸餘飭黌舍時校羣士

之藝而下上之士咸奮勵遂成俊彥丁酉最上擢南京廣東道御史是時郭勛納諸閹議上言請復天下鎮守公率諸御史劾勛極言正德中閹宦無狀陛下幸裁其弊社稷賴之勛豈不知而欲布心腹於天下以鉗制百官志將何爲聞者危公公曰志士不忘喪其元身爲言官可畏死弗言耶後勛敗人咸服公之先識丙午奉使雲貴核兵籍因論兵部尚書張瓚將以賄用掊克士卒本兵而壞天下之兵又論御史黨以平奔走權門諂及童僕無恥至此何以肅僚又論禮部尚書嚴嵩姦佞欺罔刑部尚書周期雍飾

非自痼於是相繼罷去惟嵩倚陶仲文高忠得入相公自雲貴復命都御史浚川王公稱爲古之遺直薦留雲南道嵩畏公再謁於京邸不見盛設燕邀公不赴亦不謝嵩乃遣子夫袁充譽納交於公所親厚者使說公曰容我當以爲卿公曰唉瑜奚忮於嚴公誠使大臣盡道小臣盡職四夷賓服萬民雍豫瑜與嚴公同荷太平之福我雖黜逐固樂也惡用美官爲哉辛丑公按四川鋤抑權横風裁凜然貪吏多解綬先遁壬寅聞邊報疏曰堯舜誅四凶而蠻夷率俾今之四凶郭勛胡守中張瓚嚴嵩是也近傳賊人北

回奏報者皆云知我有備不敢南下此非不敢也擄掠既飽輜重必多以輸歸老營耳內外相蒙輒謂如此便足以讋強胡爲誤益大矣說者又謂賊慾搶掠殊無大志尤爲大繆今年之入深於舊年明年又未可知所過郡縣宅毛不遺彼日益充我日益削夫馬肥則踶牛肥則觸馴畜且然況敵人爲豺狼猛獸乎擄掠歲加其民必走其地必棄古之善藏其謀者嘗用此以得志今事亦相類可不爲大虞乎頃者又聞增築外羅城此所謂閉寢戶者也千金之家必密其藩籬固其牆屋眾其僮僕乃可弭盜舍此不爲

而汲汲於寢室是衛使大盜毀傷其外舍馳突於中庭乃欲閉戶而守計亦窮矣夫賊衆所經皆重關要鎮素稱兵馬產聚之區並未有一總鎮一偏裨爲陛下背城一戰若使賊及羅城誰可爲陛下固守者連年失事敗將不誅本兵如故正昔人所謂戰則有死而無功退則有生而無罪亦何怪其不戰也伏望大奮乾斷亟誅四凶則猛將謀臣自當雲集乃擇文臣之抱忠貞有膽畧者充總制督撫之任武臣之素廉仁備勇謀者充總副參游之任推轂而遣授劍而行逗遛必誅小挫不問不從中制惟責成功又於

兩京各省羣臣之中堪爲邊方兵備者擇而使之又度阨塞緊關州縣擇其精明可使者爲之守令使之收拾村落招集勇敢繕治城堡遇寇則堅壁清野登墉固守賊人未嘗載糧負芻野無所得不驅而走若深入南侵彼必狼顧設險出奇其酋易擒也夫賊人就食有方今日得飽明日復來若傷弓罹穽一遭恐喝則退徙懼不遠矣乃今來則如迎去則如送未嘗出我一軍覿彼一面皆謂賊衆我寡賊弱我强臣謂爲此言者可斬也嵩大怒欲死公顧未有中之癸卯公念太孺人老病表乞歸養世宗不許頃之當

事者竟以憾計除公名公曰忠無所劾矣得養吾親斯足矣角巾布袍豁如也問安侍膳奉太孺人盡其歡營室暇稍課耕圃比太孺人以壽終公毀慕逾孺子殫瘁襄事人以篤孝稱愛姜山形勝且謂其去邑頗遠可謝喧埃置别業焉煙消雲霽霞落嵐横徜徉瞻玩日與麋鹿伍自稱姜山老樵晚又築南谷閒居爽塏幽清神情甚適乙丑病疽流沮胸脇浹歲始愈丙寅世宗晏駕遺詔言事臣爲權奸矯陷者悉召用隆慶元年詔至上虞公入臨隕動疾作時吏部已上公復御史而公竟以四月九日卒距生宏治己

未七月十四日享年六十有九配錢氏封孺人子男二長
果太學生娶太守陳公紹女次未太學生娶行太僕卿姚
公翔鳳女女二長適憲副陳公楠子邑庠生國安次適尙
寶丞聞人公憙行子邑庠生輿已孫男五熯聘參政葛公
木孫女炎聘兵馬劉公木孫女煜烜一未名孫女一許嫁
大理卿葛公浩曾孫郡庠生曈公性狷介丰儀嚴重平生
不造人亦不輕與人談涖官浙士者無不加敬公公終不
以事囑友愛宗族訓猶子師成師嚴皆成進士說易說詩
每出臆見有先儒所未發者升菴楊公嘗舉其說以示來

學詩不耽吟吟輒歷類尤工律體可與盛唐相頡頏文有氣骨字亦端勁奏書通達或擬之賈太傅嗜古翰繪布列坐室客至出與評質贋眞品優劣竟日不倦不厭弈亦不厭酒或對嘉客或良辰獨飲輒盡數觥吾虞稱激烈曠達者必曰狷齋狷齋下闕

三峯先生行狀　謝讜

先生姓朱氏諱袞字朝章號三峯上虞人也始祖懷青公居青州仕宋國學助教扈蹕南遷遂家於上虞金鳥峯下先生高祖諱子韶曾祖諱俊璋祖諱灝號遯菴父諱蕙號

樂澹仕武德衛經歷考滿進階徵仕郎遜菴公以樂澹公貴贈如其官樂澹公以先生貴累贈奉政大夫工部郎中母鍾氏累贈太宜人繼母柴氏累封太宜人鍾太宜人夢皦日下飛鷹啣劍而生先生先生穎慧不羣髫年遽稱有斐宏治戊午甫弱冠以詩經中順天鄉試壬戌中康海榜進士會選翰林庶吉士當事者首取先生旣而查少禮經乃以榜中同姓名者舉焉且云名姓相同難處一館先生遂不與授工部都水司主事理徐州洪悉釐宿弊凡過洪者惴惴不敢犯歲積夫役之羨銀易石甃堤由是河濤衝

醫無所患至今利賴之船有私載者薄稅示罰取建黃樓於州北城上陽明王公爲撰黃樓夜濤賦以彰其蹟無何丁外艱哀毀葬祭情禮胥致服闋補刑部福建司主事轉本部江西司員外郎詳讞庶獄多所平反朝廷以先生才識風力改河南道監察御史仍食五品俸先生感知遇條陳時政四事悉見施行時錦衣衞官旗多勳戚近侍冒名濫入者先生按之持法不撓大忤權璫謫江西新昌縣丞冢宰喬公慰以非罪之謫衆咸寃之等語至任適華林寨賊朱雪一等恣掠村閭先生躬督鄉義機兵多方剿殺幾

陷虎吻者三踰年賊乃滅陞福清縣令福清東南接海民素悍不率化且邑故無城先生造四門以捍衛東曰文興西曰雙旌南曰龍江北曰玉屏見素林公譔四門記謂先生垂無拔之厚惠終以俗化漸良人文日盛頌之陞沂州知州沂地產銀沙礦徒搆亂又流賊劉六劉七引衆燒劫萬落成墟先生禦甚力招亡撫困境賴以謐壽王府有校尉依勢噬民先生擒之究如法陞吉安府同知吉安守松月伍公重先生甚一切事必諮議始行值廬陵賊曾國祥等號十將軍猖獗震下上先生乃團甲練兵使賊大懾蹬

以計召賊所信者往諭曰爾等亟自新即爾宥不者必兵之賊感泣詣郡請罪先生咸釋之籍爲兵上以平賊功特賞焉厥後宸濠之變陽明公靖之猶運掌者實吉安兵之力究本則先生與有功陞工部都水司郎中巡視蘇杭七郡水利七郡之塘圩河泖湮淤者無算先生盡勤疏治水歸其壑白茆港永興開諸創可謂流澤無窮矣忽病作歸養病愈補刑部河南司郎中命慮囚四川未至陞興化府知府年饑民瘁殫心撫字教樹藝立鄉約勸社義申錢禁凡利所當興害所當除者任怨任勞而爲之顧不能屈志

諧俗三疏引疾不待報輒野服登道蕭然塵外人矣院司極詞獎譽交檄勉留先生堅不可回吏部以外官養病礙於新例欲罪之及查犯在例前聞報俟痊起用莆人思先生不置數移文問安立生祠立去思碑家四載恩例進階亞中大夫兩廣總制新建伯王公以先生磊落過人才識有爲薦爲右江道兵備副使嗣是巡按福建御史景公徐公少宰渭厓霍公河南道御史梅濱楊公巡按浙江御史應臺傅公雲川舒公後先凡七薦語在各疏中蓋先生位不滿才官不究施故爲國者力於薦先生愛西湖之勝考

繫自適元老徐存齋翁嘗督學吾浙顏其堂曰後遁意指和靖爲先遁取先生配之異代爲部署則恪居臺憲則肅爲縣爲州爲郡則多惠因任異施中美時出雖古名臣未之或過也而急流勇退棄爵如遺今亦尠有其儷故鄉郡以清風古道克循高節臺省以文華雅贍行誼孤高治郡純良掛冠貞介耀之坊扁者不一而足先生遊歷徧名區凡駐跡之地人輒建亭紀碑爲山川榮澤國三峯亭武夷三峯亭海鹽望虞亭其尤章灼者先生自少卽善古文詞比壯夢巨人授以三尺劍光鍔燭天自是藻思日益一時

海內名士若顧東橋薛西原鄭少谷方棠陵先生相與賡唱人不能軒輊自宜豐歷安成有拂劍錄水部有水衡餘興集興化有夢劍緒言雪壺唱和歸田有⿱必皿幽花賦皆祖雅宗騷出入唐宋草書則飛躍遒媚競爽鍾王求者趾相接先生亦不勌於酬性不喜杯弈唫哦惟危坐繹經史汎覽百家言或伸紙和墨草筆要數章而已大司成東廓鄒公遺先生書有細商歸宿之語大司空南坦劉公贊先生像有含和履沖之語先生之窮理蹈道見信於諸名公如此督學白泉汪公郡守西崍洪公篤齋湯公闢玉岡書院

以講正學推先生主盟焉近時學者率掇拾訓詁以資舉業於聖賢身心之學茫如也陽明公倡良知之説矯之其泥焉者雖遠支離而不免枯寂先生謂舉業德業非判然兩物也教人主之以居敬豫養輔之以讀書好古知行合一體用會通學術大中至正識者以爲甚有功於斯道著學範信心錄觀微内外篇得其指授者悉底於純亦多以科第顯者先生至孝友事繼母愛敬隆備盡以祖産讓其弟又益之已産以俸創懷青公祠率族衆修報本敬族有弗若於訓者誡之使悛怙終則懲以家法置義田以賙族

之不給其不能婚不能葬則賙以倍先生視宇宙內事莫非已事苟可利物雖己不得爲必欲爲也如擴嘉善學宮築上虞城開梁湖沙河作水東精舍皆先生始其猷而贊其成者先生取與極嚴非義之餽一介不受亦未嘗輕有所施或守分而匱或阨於不得已者則又慨然樂爲之濟與人雅談竟日不厭非自外名教無峻拒者先生晚歲康寍繁衍天倫多樂每生辰讌洽累日時正陽春琴瑟靜好奏塤篪而舞斑斕詩所謂壽豈先生有之先生夢見筆生異花庭桂產芝數莖又夢燈籠書卻劑事疊示嘉祥謂壽

且踰期也未百而逝哀哉生成化己亥三月九日卒嘉靖乙丑六月二十六日享年八十有七配鄭氏封宜人太醫院判純菴公女副室陳氏子男三伯子朋來鄭出行太僕寺主簿娶章氏長史海涯公女繼陳氏仲子朋求陳出今行人司行人娶車氏都御史百山公女繼徐氏教授厚齋公女先生之薦於鄉也以戊午仲子亦戊午第進士以壬戌仲子亦壬戌重光叅合世稱奇焉季子朋采亦陳出紹興衛指揮僉事娶楊氏學使二檀公女家盡文也而季子以武顯先生以全材淑後此足徵云女三長端卿鄭出早

卒次瑞卿適禮部郎中躍川公子禾次惴卿陳出適太守彭山公子丑孫男七賓容宫大宇宣宜大宙孫女五曾孫男三卜以是年十二月九日葬黄泥山嗚呼邈矣先生譾三紀門牆知非不深片辭纖行咸足模世兹僅錄大而捐其細亦猶語龍者以神不必悉鱗而數也言雖不文實無愧色惟命世作者采而壽諸銘

上虞縣志校續卷四十三

文徵内編

上虞縣志校續卷四十四

文徵內編二

貞晦聘君父子西行記　　賈大亨

武廟初詔舉天下經明行修之士而上虞以先生聞僉曰然先生諱文彪字望之號雙溪抱道積學操履方嚴以母劉太君老不求聞達惟色養暇則以孝弟忠信董諸子詩文次之子五長子奎次子行次子宜次子厚幼子麟皆雋才也至是邑侯汪造廬敦趣先生辭太君勉之曰毛義捧檄何喜乎且諸孫賢毋以我爲念不得已應辟先生故剛

毅憤逆瑾專恣擅威福不可忍及對策直言恭顯復生天下事將不可問瑾見怒甚以先生爲謝文正公鄉人也誣以奧援下之獄拷掠幾死謫戍鎮番衞鎮番古河西地孤懸朔漠外戚友俱揮淚作長別先生慷慨就道意所感觸隨在題詠總戎魏讀其詩而異之追與同車籌邊務相得甚懽欲留置幕府先生曰君命也不可違辭之就衞衞人素不知學先生勸之乃感動延至杜貢士家相率受業河西諸衞皆雲從爰有通籍者翕然傳徐夫子焉初戍音聞於家先生傳命諸子無西從以徒死無益耳諸子泣爭欲

往伯氏子奎曰大母老矣母且病仲弟身弱叔弟英偉可
讀書繼父志季弟輩年少俱不宜往吾當獨西焉子厚氏
年方十七堅欲與俱太君許之遂耦而往或危之弗計也
太君惕於變臥輒驚先生室姚夫人撫摩之不稍倦每寢
側身捧其姑終夜不敢動子厚氏配亦劉甫婚驚夫之遠
行悲甚遂病瘵二子西行刑部復檄提家屬乃赴京昆弟
主僕械繫刑獄會有白其爲從親孝子者得釋西至莊浪
投郵亭郵吏拒之藉草露宿鼓三下羣盜襲郵郵中人殺
掠殆盡昆季以不入免至黃河河外有虜警行旅絶跡得

兵士護總戎眷屬者與偕幸脫於難過昭君墓歷望鄉臺旣而涉流沙弟馬陷溺及頸兄呼天拜泣馬躍而起登關山道天雨雪頃刻深數尺弟寒甚且僵兄解衣溫以體終夜而始甦時大司馬東山劉公司寇愚齋潘公等咸被瑾仇謫西陲先生相與往來賡和忘其身之在夷也忽報二子至拜牀下悲喜交集衞八驚異之羅拜爭置酒相勞苦嘖嘖稱徐孝子謂忠孝聚於一門云越歲餘瑾誅蒙宥還鄉而同謫餘姚許君堯相司衞事者不放歸先生愀然曰吾友不還吾豈獨還哉子奎氏復馳往數百里和解之偕

以來且出己資爲贖妾妾故許君所辭者先生聞之喜先
是先生戍於鎮番以慈顏久隔每飲泣然已無如何至是
急於返而虜騎南馳邊塵四起乃從西羌背道行復迷道
至徬徨間適一丈人驅驢十餘至呼云欲東者隨吾東吾
令疾則疾緩則緩引至大道指曰自此去無事矣復驅驢
還詢其姓名不答蓋神物也而劉太君卒不起病且故家
人不知先生之返也以柩就窆將至隧柩忽不可動强有
力者舉之皆仆地姚夫人泣曰姑有靈乎其以一子二孫
將歸乎否乎已而先生父子追及之撫柩痛哭痛絕者數

次白衣冠送者俱泣下柩乃歸墓先生歸悽然不懌遂築室西山之麓爲終隱計絶不談往昔事日事著作有附說效鳴冷淡等集人傳誦之又捐貲爲祖廟割田爲義產建鄉塾訂鄉約鄰族有病者貧者死不能葬者傾貲與之歲歉民飢粥以活之凡先生志所欲爲則冢嗣子奎率諸弟急成之先生殁學校上其行祀於府鄉賢祠而郡伯篤齋湯公爲文祭墓復以孝義扁子奎氏之門子奎氏孝友天植始終克順著有思親百詠遠近諸名士唱和成帙子厚氏向從先生戍所試於河西學使嘉其文冠多士正德己

卯與兄子宜從兄子忱試於鄉皆與選會題名時主司以一門同榜太盛獨遺之抑置副車鬱鬱未竟其志而歿

覆卮山賦　　　葛焜

節彼茲山兮奠南離上干雲霄兮勢崔嵬介虞剡兮壁上與會稽兮名齊虎豹兮林藏蛟龍兮窟居昇神仙兮千古寄高興兮一卮憶先公兮遨遊借巖壑兮枕棲山之靈兮人亦顯人之傑兮山增輝胡歲月兮不待嗟主人兮已非渺余懷兮耿耿爰陟岵兮興悲仰昊天兮罔極望白雲兮何歸曲澗流兮花落空谷應兮鵑啼詢樵夫兮指迷路逢

野老兮道故事景自美兮不辰事可樂兮心違閱長江兮哀孝女覩鶩濤兮弔子胥感今昔兮一瞬忽灑淚兮歔吁倚岡阿兮憩息尙四顧兮徘徊沃洲天姥兮爲目爲眉四明五泄兮競秀爭奇雖舉睫兮可及且先讓乎風流狂客之所宜懼行踪之或混聊述志於微詞

石龍菴詩草跋

徐如翰

如翰爲兒童時每侍先王父及先君之側必稱引吾宗先正爲後生小子法程則必首聘君與納言公云聘君爲如翰曾王父以布衣應經明行修徵忤逆豎劉瑾矯旨下詔

獄謫戍如翰會具疏上聞以易名請茲不敢贅納言公以
英年登上第爲比部郎抗疏劾嚴分宜相廷杖謫爲民及
穆廟登極以南納言卿賜環未幾卒於邸則如翰諸父行
世所稱龍川先生者也翰生也晚不及親侍公乃公之人
品行誼則耳而心之久矣大抵人臣盡忠極諫攖剛主之
逆鱗易磨權奸之虎牙難當分宜柄用時其毒燄爲何如
哉而公優游白雲署中又非有言責者比乃慷慨抗疏又
委曲以達之聖覽至使先肅皇帝爲之丙夜動容相嵩乃
賂黃冠倖免而卒困公以杖維時宇內人士無問識與不

識皆仰公如景星慶雲慕志節者望風内謁幾同龍門每出游閭里則童叟聚觀塡溢阡陌其所謦欬著述聞之者五内爲傾得之者什襲爲寶又不啻如球璧珠璣矣第公卒於宦邸平生著述多散落遺失其孫孝廉爾一訪求搜輯得詩稿十之二三又多脫誤則託黄山人以意爲之訂補乃付之梓而以跋語屬余余與孝廉聲氣臭味最稱莫逆而公又翰所心模神注幾一希光附名而不可必得者也敢不竭其愚心而效一言於簡末蓋嘗聞之宇内有大不朽四事功節義禮樂文章是也公節義英英龍震今昔

固不必言而潛心性命之學妙契文成宗旨本於天資而涵濡充廓於學問默而成之爲諸名公所心服惟是年不配德位不竟才人或惜其事功之少概見而不知公爲比部時屢讞重獄雪異寃平反聲特著且脫諸重囚於械活之淹汨中郎大司寇亦歎息悚異里居之日値吾鄉困於徭役直指龐公議欲更法蘇之乃延公於柏署中同寢食者三日出而條鞭之議定蓋闔浙之民至今幸有盜字則龐公之德而公之指畫實多則公之事功已見一斑其厄於年而不獲竟則天也乃若文章則公之餘矣若韻語則

又公文章之餘矣然誦公集而因想見公之爲人其經緯博達時時見之憂時籌國則公之事功也其壯爽激亮讀者髮豎而神悚則公之節義也其温和苞孕元旨邃詣有超然於物外而快然自得於胸中者則公之理學也數十年之後凡宇内人士猶得儼然如覩公色笑而恍然如會公神情則今日之刻又豈特聲韻法律之爲矜式哉子輿氏有言曰誦其詩讀其書不知其人可乎余如翰業已知公之爲人矣而今且得誦公遺言敢曰尚友庶幾其無忝私淑乎則願與我後生小子輩共之

辨熊經畧功罪疏　　徐爾一

考選候補工部主事徐爾一奏爲遼去勞空而言無不中之屢疏猶在竭忠被謗而甲禍移乙之慘戮前無伏乞聖明立賜昭雪以鼓士氣以彰恢復事臣竊惟恢遼所以久無成績者繇刑賞不平人心不服而最大莫如熊廷弼一案夫廷弼以失陷封疆至於傳首陳屍籍產追贓而臣按當年疏揭塘報轉覺其罪無一據而勞有足矜者何謂罪無一據謂不死守右屯而是時廣寧十三萬兵馬數百萬錢糧盡是王化貞掌管廷弼才截留得援遼兵五千人駐

右屯距廣寧四十里耳化貞方無日不言進戰言殺敵而忽同三四百萬遼民霎時盡潰當是時弼得此五千人不同潰足矣尚望其屹然堅壁哉而弼罪安在謂不早見事幾而當其按遼時即疏策敵盟必寒最後與化貞共事化貞仗西部進戰而弼云必不足仗化貞信李永芳內附而弼云必不足信無一事不力爭無一言不奇中而無如當日方信嚮化貞轉責其不能和協撫臣而弼罪安在謂責在經略而經略無其實如屢疏爭各鎮節制不行而部覆高閣束之屢疏爭原派兵馬不與而部覆又高閣束之如

云名是經略便得自做主張則自昔以有名無實而稱爲擁虛器抱空名者豈獨一經略哉而弼罪安在謂殺戮太嚴而當年節節潰逃節節姑容法紀蕩盡獨廷弼至遼始鳴鼓集衆斬逃將三人曰劉遇節王捷王文鼎貪將一人曰陳倫又陸續斬逃兵數百人倘亦事理必當如是耶而弼罪安在須知唐郭子儀李光弼既不免與九節度之師同潰自應收拾潰兵扼守河陽橋無再往相州坐待思明縛去之理而今計自廣寧而西只關上一重門限廷弼不趨扼關門何待史稱慕容垂一軍三萬獨全止是衆無潰

散無再往淝水與晉人決戰之理而弼能令此五千人不散至大淩河交付化貞事政相類而豈得與化貞之獨管兵馬錢糧而誤用西部誤信永芳以致潰散者同年道乎何謂勞有足矜當三路同時陷沒開鐵北關相繼奔潰時兵逃民逃道哭將哭才有遼陽半個空城未去廷弼經理不及一年而俄而進築奉集瀋陽俄而進屯虎皮驛又俄而迎拒敵兵於橫河之上於遼陽城下包磚鑿河列柵埋礮屹然樹一金湯令得終竟所施何至舉榆關以外拱手授人而其如不得少安其位何而令俱抹煞不論當廣寧

奔潰時試問在廷諸臣幾人留眷屬在京守關諸將幾人敢寓目關外而當關者慮仍混入敵人奸細閉關三日不啓衆心洶洶廷弼至關盡勒卸刀馬在外洞開驗放凡二百八十餘萬帶刀騎馬一擁入關不知此日關上風聲鶴唳之兵作何景象在廷不留眷屬諸臣作何鎮定而今俱抹煞不論乃其所係必死則有故矣其才既籠蓋一時而其氣又凌厲一世人望之辟易而有與不相下者定是天下第一等有品望有幹局之人而廷弼不量揭辯紛紛致攖衆怒其起殺機是則所由必殺其軀之道耳然而夷考

當年爲廷弼或鳴寃闕下或戮力行間如韓爌周嘉謨楊鶴周朝瑞江秉謙周宗建甄淑熊德陽惠世揚及周永春邢愼言高出胡嘉棟輩三數十人後有一人失足崔魏之門否督臣朱燮元亦西南勞臣聞廷弼按斬爲懊恨嗟吁數日臣時爲屬吏聞其事而當廷弼被勘被逮之時天日輒爲無光此足觀近臣所主遠臣所爲主上干天帝之怒下灰將士之心以致恢遼久無成績者而可不爲急加昭雪乎伏惟皇上裁察施行謹奏

重建羅星亭碑記　　徐人龍

虞標勝以東山而東無山東山在西南上游受剡水下曹
娥爲通邑西蔽自梁湖而東一水瀉姚僅衣帶暑月卑喧
河涸可步故新舊通明壘壩若城高不則置杯水溜上傾
而下無遺滴矣以是虞慨留逝水如惜身血誠養身要害
非第形家言關鎖也邑治東去三里名龍王堂西南山谿
并湖水所匯注河至此稍寬流弗及顧於是有橋有塔有
祠閣錯屬爲障而水中一簣隱起似造化亦不欲令此水
翛去者清江錢侯顧而美曰可因也益石作星墩亭其上
中流一壺于金長頓令鼓枻上下者宛抱依違而不迅走

且與閣橋塔祠珠聯錦綴若聚五星於東壁者奎文閣爲土星聯登橋爲水星奎文塔爲木星舊址文昌祠傾以其半改建何侯祠爲金星今得羅星亭爲火星奎文盛而
華選騈雖天輿人亦地利也無何始創不工百川奔嚙加
以櫓桿沖突風雨飄搖亭壞石圮孤星向曙滅沒難尋譬
金焦奇踞大江中令巨鼇倏負去望洋何堪斯行道所興
嗟而虞士紳悲零落而思補也溫陵仁菴李父母下車拔
四履喫緊以東震聚氣轉瀉爲言捐萬錢經始而先是鳩
率非人庀作徒費乃請邑紳赤城陳公董其事公舊有船
租之助曰予志也若實倡之敢不任任必觀厥成與眾寍

獨乃親相度自木石細及灰瓦皆精思及之善建不拔從
根爰始於丈趾外環椿密圍之舟不得近巨石砌水底壘
而高出水丈餘立大石柱於墩中長二丈有四入土三之
一隆然標舉六角柱石俱大石縱橫挽筍總轄中柱壓口
石如之築疊堅溯洪莫入乃可寬亭搆也選木精堅一切
直架迂穿還以中石柱爲軸故重能載亂能繫複壁禦風
雨塡盤石而四維之又慮歲葺之匱捜祠閣贍田及已船
租昔所乾沒者今出貯善後著爲令役始於甲戌仲春九
日孟夏中竣七旬而舉量省有方材値工餼不苛不濫僧

元宗與有勞焉計用錢十六萬有奇諸紳助十之三其二皆公捐之笥中者公固曰天下衆則咻而勇於獨心力獨勞以惠通邑吾儕愧矣當官苟且圖温飽良田美宅貽所不知何人鄙不足道抑或端居自守視秦越人肥瘠夫何賴焉修之家其德乃裕修之邦其德乃豐修之天下其德乃普堂上不糞除郊草不贍芸鄉之不睦而能爲德於邦國天下者未之聞今天下在所摧破以憂貽君父動歎乏才夫才盜借之異代哉倘更發函治獨知之契使天下見之起公而授以專柄大難大危指顧辦定何難不任何任

不成吾劵是亭矣落成勒之石俾後繹思一簣之不易而愼保之且使蒸蒸濟濟翽鳴而虎變者知作新有父師而涵育自先達也楫霖相望豈惟茲亭爲不朽

討賊檄

徐人龍

逆賊無天長驅犯闕主憂臣辱義不俱生泣血勤王冀滅此而朝食毀家殉國忍坐視以偷安但苦無餉無兵空拳奚濟若能同心同力舉義何難凡屬大明衣冠孰甘蠢逆臣僕義旗迅指誓淸西北之塵忠勇傳呼奮吐東南之氣承邀靈於天地決無聖主不中興祈默佑於祖宗豈少忠

臣其光復敢告同志速定合謀

致軍門書　　徐人龍

途次晤教懷德而行步步結想至維揚即聞逆賊薄都城有開門揖之者競傳皇上蒙塵矣孤臣仰天嘔血絕地草檄勤王誓不與賊俱生諒老公祖有同憤也如發兵入衛龍願先驅旦夕待命可勝仰瞻

直陳除逆十當斷疏　　陳維新

臣海陬賤士遭遇聖明入讀祕書出參諫瑣奇逢榮遘忝竊逾涯圖報之私豈復惜踵頂不爲陛下效其區區況乎

事關宗社憂連宮府瞻仰在天下萬世而不能邀聖主一
怒之靈以淸君側臣實恥之則有如憲臣楊漣所參太監
魏忠賢一事嗟乎忠賢至今日而尙望皇上一日之留乎
皇上於今日之忠賢而尙以何法寬之乎臣始進不解忠
賢憑藉何因抵飾何指惟直據理虛觀揆形酌勢請言陛
下不容不斷者十從來已發之奸慮深走險況朝夕左右
皇上安乎諸臣可代爲皇上安乎令一孽留而中外盡處
於惴懾之地不斷之何以釋危疑此當斷一從來臺省職
司糾彈一經指摘即大僚引身今以同朝請劍而藐若罔

聞豈忠臣矢報聖主虛懷而輒欲以逆豎阻敢言之氣不斷之何以息議論此當斷二自忠賢督廠以來非刑立威百金之家夜不貼席一閒參疏長安走卒兒童歡聲遠邇頃見聖意未決而仍是洶洶重足矣何忠賢一去留乃關人情舒慘若此不斷之何以收人心此當斷三自忠賢專擅以來謁者監紛紛冒廕范皇親敢爾聯姻不軌不法莫此爲甚我皇祖初年亦嘗寵用馮保張鯨一二臺省疏糾即賜處分籍其產明例具在今逆淳二豎而一創猶縣不斷之何以伸國法此當斷四宮闈已事未敢深言但據枷

死皇親家人一節尙復知有三宫乎一旦傳警外廷忠賢即横豈不憂危臣又不知椒掖之憂危若何矣不斷之何以安宫闈此當斷五邇來綵綸不信票擬相懸遂有中外否隔之憂但據傳奉一事日閱閣門把持朝政令天子不得有其明宰相不得有其職言官不得有其是非成何世界不斷之何以清朝寧此當斷六皇上加意懲貪而亦知忠賢長安第宅雲連西山招提日麗乎別墅郿塢此從何富以此佐遼不愈於竭生靈膏血以奉軍旅不斷之何以懲貪風此當斷七以皇上銳意嚴明而亦知忠賢涿州之

蹕道僭擬乘輿飛騎之擁呼驚傳駕至乎以至三日偶出而司禮應票者閣筆以待已發者急足以追蓋左右近習知有忠賢不知有皇上之日久矣不斷之何以攬主柄此當斷八太祖之制内臣不得典兵猶就外地言也未有握兵禁地伏金虎於宮鄰名借未然勢張自衞包藏叵測識者危之況寸刃之禁國制昭然今使交戟之下鼓礟金戈豈止寸刃已哉萬一不戢之焚變生倉卒試問忠賢將何以應不斷之何以弭隱禍此當斷九日奉明旨切責各衙門玩愒成風紀綱法度十未得行一二赫赫天語諸臣誰

不悚承獨念今日壞法亂紀孰過忠賢願皇上法行自近

又聖諭謂朝端不宜紛擾今舉國爲忠賢一事如沸如鬨

令忠賢一日在側臣恐支節愈滋紛囂日甚不斷之何以

定煩爭此當斷十嗟乎蕭望之困一石顯元帝之不斷也

曹節肆陳竇之誅隨釀黨錮太后之猶豫未忍也劉瑾稔

禍縉紳特武宗一時不忍其後夜分一奏立翦窮兇繇此

觀之安危呼吸所關斷不斷豈尟小哉今者皇上爲後日

之忠賢計當斷即爲昔日之忠賢計尤當斷若忠賢自計

爲今日之忠賢當求皇上之斷爲後日之忠賢尤當日夕

叩頭涕泣以求皇上之立斷臣言至此當不再計伏惟聖
明省覽立賜施行案此疏上於天啟四年六月十一日同
垣羅化城評云字字風霜言言斧鉞直
骨正氣千載不磨○此入垣第一疏亦入垣第一日所拜
之疏猶記政府爲舊館師見之相慶且云君如浮沈金馬
那得此一篇文字不朽今古時垣中亦以乳虎相戲豈意
五載罟俎試差不俞推都不許求與楊應城同遊亦不可
得嗚呼生死於人大矣哉
展疏回思能無浩嘆自記

上李大司農爭免越漕書　陳維新

晨入垣辦事見會議大疏已奉旨發科抄矣隨取閱之內
有紹興一府何以獨免白糧合照杭嘉湖三府盡輸本色
以佐急需等一款不佞讀未竟而不覺愕然驚惶然懼謂

祖制之難更而轉慮明旨之終成反汗也夫今日京糧缺額勢甚眉燃台臺籌國苦心自應無所不到惟是紹興獨免白糧此祖制也然祖制何以獨免紹興則非偏逸紹興而故予杭嘉湖以勞也實則紹興所處東浙之地與西浙杭嘉湖萬不可同年而語也請縷言之夫紹興糧額計三十三萬除存留外如輸本色不下二十五萬此二十五萬之米可擔負乎可車運乎其必須一水之漕道明矣而紹興曾有一綫可通之運道否其所屬八縣自杭州迤東陸走三十里而有錢塘一江江之東始屬紹興之蕭山縣蕭

山以東歷山陰會稽上虞餘姚沿河之地不及三百里而中且隔三江矣則錢塘江曹娥江姚江是也且越五壩矣則曹娥壩舊壩新壩下壩西壩是也凡江則東西盡陸凡壩則高下陡懸以至諸暨嵊縣新昌皆處窮崖深谷策節扶杖之鄉而欲與一水抵通之杭嘉湖並舳而輸同時而輓應乎不應乎此即嚴旨在前苛令在後而必責之開五丁之斧繼奡盪之舟榜艘款乃於千巖萬壑之間能乎不能乎恐不待智者而決矣又況紹興原未嘗獨受逸也兩浙海防吃緊寧波宿有重兵又歲有兵汛下海軍需紹興

實任供億則亦猶乎杭嘉湖之白糧也倘責杭嘉湖以均海輸其不便當亦如是總之國家任土作貢賦役之設豈其偏作簡煩使紹興無故得免浙西三百年來尚遲一視之請而必俟貴部今日始建此不拔之碩畫也哉則又胡不曰寧波獨免白糧也當茲庚癸頻呼王臣王土誰敢私梓里而忘國計獨念煌煌明旨萬苦勢不能遵而徒貽他日以輕更祖制之口實台臺其任受之乎夙承愛教敢布衷言幸賜裁察并望宥原此書郎從垣中草發隨得司農報札數行已諾稍需議寢矣次日會同鄉京仕者復草一揭抄發民曹而部疏郎委曲報罷此眞地方之福聖天子轉圜之靈也然亦以見司農公

之虛懷雅度云自記○案是書舊志王氏備稿沈氏刊訛俱不載及茲從陳氏宗譜採而補入見吾紹郡得免漕糧實出自赤城陳公之賜云

上虞會館記　陳維新

戊辰春續置上虞會館成時崇禎之首歲聖主應運起自潛邸正逆璫黨弁交煽爲祟之秋旭日麗天層冰消潰而吾虞會館乃獲自變產亦一奇遘也夫京畿首善之地四方麇至上自作口以暨藝聚日駢跣如雲至倀倀無所之而盜臣方封此高墉相望而牟儌直之利亦聖朝所隱也周制司空平易道路坊人塡館廷燎巡宮無所不備古人

之於賓旅亦既周渥矣羣鄉之人而歲時伏臘相接無定期一切聚離慶慰情懽禮酢之會相訊無定址猶之鴻爪萍逢耳又奚鄉誼之敦吾邑舊有館承事者鮮挈瓶之慎爲此中無賴佔作博場歲久屋圮遂爲豪右所得余聞之每心惻焉圖一復舉而難其緒時覺寢餗不遑也乙丑春僉謀於丁倪兩支乘計偕旅至爲申約共庀其事醵金有差擬祿入者豐於數實不登額聊一創始而又不成觀時皇皇私計商酌規維三歷寒暄未就也會今上龍飛霆驅奸逆而各罪人私產俱籍入聽官賣竊慶此可爲計也詢

有絨線坊一所某構俱宜隨請之巡城甘侍御力圖此乃
始爲羣不逞所湮沒繼又屢窘於大力者覬覦百方轉旋
盜辭勞怨然微侍御之力不及此斯館之成又豈偶然哉
追維吾鄉代不乏名碩宦遊京國者績烈賁相望曷獨駢
枝此館恬不作餼羊之愛使月異時殊化爲烏有夫豈盡
慮始之難將毋廢興亦各有時而卒莫知其故歟卽乙丑
創義之初稍稍有緒旋以人事紛糾余復驅馳使命此舉
危並築舍今春始畢是願而天原若留此一區巋然相待
雖曰人爲亦適有以徼之矣至懲前事之闕葺善後事之

苞桑既詳既愼傳諸有永方當會深計者借一籌夫天既隲之人烏可忽願後起者穆然有思於首事之難而共建於不拔竊有厚幸也夫

勅廣西道監察御史倪元珙　　倪元璐

勅曰夫囊斧在握鉊鐸四下怯夫奮心舒壯頰舌斯不難也若乃董宣洛令崔發鄠宰項彊貴主威行猂消事之難爲有如超海且夫氣持則法立也朕求法官必取之健吏以爲擊物無缺惟純鉤湛盧爲可恃耳爾具官某家起新都禍期逆豎時則匹夫懷璧較尉摸金元禮受告密之封

朱勔頌應奉之使湘山可赭歷陽幾湖而爾乃奮身以持致命不顧當此之時爾視湯鑊則猶冰泉卒使虓虎坐馴驚魚不害朕是用報以執法資其讜忠爾則糾奸遂亙梳疑剔伏至言新語轢賈淩山以其前有履虎之貞固當不難嬰龍之論夫爾之鯁固比於原泉有本而不涸也茲以覃敘仍授爾階文林郎錫之勑命今朕之意欲使天下被滌著新如日火顧惟御史埋輪攬轡可得為之然使爾以今曩之注分於鉤瓦則道不行矣故曰剸足適履毀方為圓言隳趨也爾豈以濡井而羸缾哉朕勗子則以羔裘之

詩曰彼其之子舍命不渝案此倪鴻寶擬制誥見代言選恩覃部文文起曰弟草兒制自曾子開韓持國之後又見鴻寶誠爲盛事

首論國是疏　倪元璐

爲世界已淸而方隅未化邪氛已息而正氣未伸謹瀝愚忱仰祈聖鑒事臣聞持世不平則陰陽之戰起論人失實則舉措之道乖頃者宗社之靈篤生陛下生知濟以學問乾健妙乎從容大奸霆驅徽猷飈發天如再闢人等更生生平以堯舜爲極軌今乃知有過之者臣非敢爲佞也臣又仰窺聖人無我深嫌門戶之名巽命重申動以人才爲

念純王之心較然天下矣然而皇衷自著其公虚廷議猶存乎我見臣竊惑焉臣以典試復命入都從邸抄見諸章奏凡攻崔魏者必引東林爲並案一則曰邪黨再則曰邪黨夫以東林諸臣爲邪人黨人將復以何名加崔魏之輩崔魏而既邪黨矣向之首劾忠賢重論呈秀者又邪黨乎哉以臣虚中之心合之事後之論東林則亦天下之材藪也其所宗主者大都稟清剛之操而或繩人過刻樹高明之幟而或持論太深謂之非中行則可謂之非狂狷則不可也東林所引用者每多氣魄之儔才幹之傑其間不無

非類要亦可指數而盡耳而其中則又有泊然無營翛然
自遠謝華膴其若脫付黜陟於不聞而徒以聲氣心期遙
相推獎此其人尤所謂澹泊寍靜之君子也今而曰邪黨
則無不邪黨者矣且天下之議論毋涉假借而尤不可不
歸於名義士人之行已毋存矯激而尤不可不準諸廉隅
自後之君子以假借矯激深咎前人於是彪虎之徒公然
起而背叛名義毀裂廉隅矣甚而連篇頌德匝地生祠矣
夫頌德不已必將勸進生祠不已必且呼嵩而人猶寬之
曰無可奈何不得不然耳嗟乎充一無可奈何不得不然

之心又將何所不至哉議者能以忠厚之心曲原此輩而獨持已甚之論苛責吾徒亦所謂悖也今大獄之後湯火僅存如西江西秦三吳三楚之間什九名賢半皆豪傑參之理數決無沉埋況奉恩綸屢俾酌用而近者任事諸臣猶欲以道學封疆四字持爲鐵案雖或薄從湔祓未肯力引同升推原諸臣之心或亦深防報復之事而臣以爲此過計也水落石出正人相見總爲崔魏之異己即可化牛李爲同心況年來之借東林以媚崔魏者其人自敗即不需東林報復若其不附崔魏又能攻而去之者其人既已

喬嶽矣雖百東林烏能報復之哉事理甚明迷者不悟臣所謂方隅未化者此也臣又從邸抄伏讀聖旨有韓爌清忠有執朕所鑒知之諭深仰天聰曠然知人則哲如此而近聞廷臣之議殊有異同可爲大怪爌之相業光偉他不具論即如紅丸議起舉國沸騰當時任事大臣並皆縮朒緘默而爌獨侃侃條揭明其不然夫孫慎行君子也爌且不附況他人乎迨權奸表裏逆焰大張爌以申救抵觸岸然投劾讀其陛辭三疏字字秋霜一時以爲寇萊復生趙鼎再出而今推轂不及點灼横加則徒以其票擬熊廷弼

一事耳夫廷弼罪固當誅在爌則不爲無說封疆失事纍纍有徒而當時議者乃欲獨殺一廷弼豈平論哉此爌之所以閣筆也然究竟廷弼不死於封疆而死於局面不死於法吏而死於奸璫則又不可謂後人能殺廷弼而爌獨不能殺之也又如詞臣文震孟正學彊骨有古大臣之器鄉人月旦比於陳寔王烈逌夫三月居官昌言獲罪人又以方之羅倫舒芬與臣同年同官儕輩憚其方嚴不敢以鴈行相蓄而當其去國飄然聳身天際有臣如此自堪千古而今起用之旨再下謬悠之譚不已豈以數十年前有

其兄文從龍不逞之事乎夫人知有從龍以爲之兄而不知有文徵明文彭之至德特行以爲之祖父且賢愚相越舜象已然世不聞柳下惠膺盜跖之誅司馬牛受向魋之罰震孟何罪遭此嫌譏將無門戶二字不可重提聊用更端以相遮抑耶臣所謂正氣未伸者此也總之臣之論東林不主調停而主別白臣之論韓爌文震孟不爭二臣之用舍而爭一朝之是非伏乞陛下以臣此說申諭諸臣凡於持局用人之際俱不當存形骸芥蔕之心要本公虚以消偏黨其韓爌雖廷論未屬而早奉鑒知之旨何難特命

召還文震孟雖俞旨已頒而既來不簡之言尚冀溫文奬雪於以破方隅而伸正直之氣道無出此者矣抑臣又思故憲臣鄒元標業蒙明旨優卹矣而易名之典似當一併舉行元標之理學宗王文成而鯁直類海忠介宜令該部於二臣之間取衷二字以旌儒碩至於海內講學書院凡經逆璫矯旨拆毀者並宜令其葺復蓋書院生祠相爲勝負生祠毀書院豈不當復哉臣草疏畢又竊念部臣王守履以進言之急而犯失儀之條陛下慨納其言而薄鐫其級仰見陛下造就人才之心甚曲而厚也然時經三月懲

創已深履端更新萬靈共躍倘蒙矜宥召復原官則聖度極於如天而朝儀亦因之愈肅矣臣無任悚仄待命之至

讓官黃劉疏　倪元璐

奏爲學行第一詞臣宜留史局微臣自揣不如懇恩換職以全器使事臣聞常才易得奇士難求故席前宣室有吾久不見之言賦奏上林興安得同時之歎彼皆中主有此勤拳況以陛下理學文明首出千古龍雲道合適有其人而坐使淹沈實可惋惜伏見原任右春坊右中允今聽降黃道周學行雙至今代所稀觀其嫉俗多忤至清絶塵禁

近十年日益貧寂瓶鮮儲粟廚或無煙此皆中朝所共知執母之喪廬墓摧毀里衆見者並云曾閔復生其學原本六經博極羣史旁串百氏而澤於仁義道德之旨所爲文詞宏深奇典上淩數代西漢而後莫有其儔然又精洞時宜務爲經世有用之學自天文歷算禮樂名法邊籌財賦往代今朝典常興革出其胸手悉有成謀陛下試以清讌之暇召見文華或給筆札使條所蓄自可倚馬萬言坐躋董賈此誠天下奇才天爲陛下生此一人使之仰佐天章黼黻一代不可謂之偶然也在今日閣臣此言或以爲疑

所謂世人貴耳賤目耳若道周死後數十年天下之推重必有甚於臣言者臣雖愚悖豈敢以身觸雷霆過情奬物即陛下釋之不誅臣亦懼爲後世所非笑所以推舉本由至誠且道周前因疏救舊輔錢龍錫忤旨降調未幾而其言卒行是則陛下之知道周久矣當道周抗疏之時同輩聞之並爲危慄而道周以爲惟聖主可與忠言侃然進説此誠至難臣謂陛下今日用人惟當取其伉直有氣節者今人多畏禍自顧其身家又聞者中使銜憲四出動以威倨上官之體加於庶司臣懼海内士大夫之氣必化爲繞

柔陛下又可不式怒蛙重摧折之乎然自道周既獲罪而一時論者遂有摘其試錄議及科場以其經史為子書以其精詳為孟浪此可歎也又臣仰窺陛下勞於求賢睿懷孜急曰安得不貪財不愛官不狥情面實心任事之臣而用之若以臣所知自黃道周而外又有原任順天府尹劉宗周者清恬鯁介其學行正類道周而宗周居尹釐之職則盡力尹釐道周守文史之官則致精文史以此二臣仰符側席猶圭璋之合也今宗周既以骯髒投閒道周亦以蹇諤承貶天下本無人得其人又不能用則安望天下有

爲陛下奮其忠能者乎此皆諸臣之過非昧則忮不以告
陛下耳臣聞制世之道非有他端其上用必當材使必稱
器其下愚者遜智拙者推能則天下自治臣自量庸劣遠
遜道周自道周蒙譴以來臣內愧氣失因其有科場議處
未結縮默至今頃經部覆奉旨是臣披胸見心之日矣誠
以臣在詞垣有如鳧雁若道周者使之大承顧問小效編
摩必有補益度越時賢陛下幸聽臣言還道周原官而出
臣於外承道周所應降官級此猶棄珷玞得良玉也昔孔
璋請爲李邕代死柳宗元以劉禹錫母老願以柳易播今

道周所遭不至死徙而其才又遠過李劉郎臣自處亦實羞出孔璋宗元之下且臣自爲聖朝用人及史局需材之計非爲道周惟聖明垂察

乞歸省疏　倪元璐

奏爲思親患病不能供職懇切天恩俯容歸省事臣本憃愚遭逢聖世翺翔禁近十有餘年清切從容莫如斯職天地恩重去此無家日月之光尤人共戀故從筮仕至今除中間兩奉差移未嘗一日稱疾求便獨今以毗閭極念奄邁沉痾百療不能乃思歸計伏念臣母太安人施氏行年

七十有二體素癯薄不任遠行臣官京師十年之間凡再
往迎不能一至崇禎二年伏蒙聖恩陞臣南京國子監司
業幸以去家一水然猶旦久始就潘輿相聚既歡臣於此
知古人捧檄之意不悟隆恩無極驟又量移時值聖明宵
旰臣母子難同行止自合分裾臣母素賢通曉大義自臣
偕計到今二十年間凡六七別率皆中坦歡顏獨於此行
雖誠勉再三而涕淚已出臣既就道中懷戀戀凡十餘夜
不得睡寐抵都雜以塵勞怔忡陡作自去夏五月歷秋涉
冬肌肉日消見者憐駭然臣猶自恃中強勉趨朝謁延至

新春寖增危劇不復能興先是有臣所知察臣氣色謂臣憂思拂亂不治將深初不謂然今已驗矣京師如海然獨無醫卽幸有醫亦無治臣之藥臣魂逐親廬而求生都市雖使盧扁傾其上池亦豈有濟哉以臣迂拘木強不能逢時纂述舊聞無編摩之效感歎時事無論思之功卽使其親未老其身不病猶當引分求罷以誡侏儒況負烏私命危朝露疾痛如此能不呼天倘蒙聖慈矜鑒立俞所請俾得就此春和生出國門生入里門一見臣母縱塡溝壑靡所憾恨所有承派實錄先經力疾纂修謹一面繕寫次第

完繳無敢荒率緣伏枕間恭遣義男倪安代齎具奏上聞

乞歸省疏　　倪元璐

奏爲臣病痊可無期臣母衰子堪念伏乞聖慈憐臣先後累請激切至情特允歸省事臣於四月二十八日以夙疾舉發具奏請假奉旨准暫假調理臣感激聖恩安意調養既復十日醫藥罔裨臣固知療臣此病不關醫藥凡病必有由藥期對症臣所感怔忡痰泄等患明因別母而起因思母求歸不得而劇烏鳥之私先後陳請亦既五六以至於今母年日益臣病日增卽臣言歸豈假多說祗以臣母

行年七十有五又臣通籍十四年官京師者十二年未曾一日迎養又臣自庚午至今違顏六年臣何能不力求歸苟不得歸臣病又何能愈然臣更有瑣屑微情爲陛下殫陳之臣所受先人數椽火焚蕩盡臣母於是迄無盧居又臣行時以臣母之命攜家赴京今子女悉依臣所臣同母一弟讀書他邑定省不能時至臣母眼前寥然獨女婢二三人耳每得臣母家書輒歎凄寂臣今坐處誠若鍼氈又臣異母弟生員元瑕少有至性昔年庶母李病革元瑕割股肉方寸雜糜進之卒亦不效遂至毀羸尋感奇疾於今

四年殆者數矣臣母憐之尤甚於臣臣身沐恩光出依日月入擁妻孥獨使衰母病弟棲止敗垣愁涕相向肝心何在得以晏然於此晏然是其心已死矣寍復久存長事陛下乎伏望聖慈矜憐特允暫歸無論生死皆有銜結之日臣講讀最無能今詞林藹藹求如臣者豈患無人又臣觀晉太子洗馬李密陳情切至一請即得後世以爲其君至仁陛下誠即放臣天下必且謂陛下曲體儒臣恩宏錫類聲頌無紀且臣以五品小臣積歲累陳輒被溫留疑於體制亦不符協惟陛下審察施行臣不勝哀切

守禦遏援疏　　倪元璐

奏爲急聞賊至敬陳守禦遏援之策事臣於本月朔日謝筦部務專供講職髦髦之誠未能解主憂而紓國恤中夜傍惶實深負疚忽聞賊機已及舉朝驚駭伏想聖明彌加赫怒匝繞牀竟夜眦髮俱裂竊謂天下之事必揆之理數二者以理言之皇上惕厲憂勤絕私寡慾豈一小醜坐聽憑陵即賊智量不過近日之劉六兄弟鄧茂七葉宗留已耳初極兇殘近施詐譎以狗輩孤羣欲傳檄以定天下讀盡二十一史未之有也若以其數言之賊以今甲申陵犯

此爲自刑魏崔浩以庚午自刑料宋必敗此其明徵而歲星以四月炤眞定恢復自茲而始數以佐理未有爽者故臣謂賊今日犯都城必失利去不久當得滅亡臣今徧告諸臣往日不宜如燕雀之處堂此時正當如在山之虎豹臣愚誓以慷慨從容之死不二守之暇整然臣之所以報國者在竭其才智以濟國家之事而已今日人情實爲危急在我應之不容纖錯譬如弈者輸局既急則愈宜審思投一閒子即失先下一差着必無救也若臣所持惟有四說今内則言守禦也夫派城汛謹非常簡軍實申號令數

者守之事而非所以爲守其要在乎選擇將吏鼓勵軍氣安輯人心而已守將不拘文武凡在廷之明敏果幹者皆將也宜勅府部各衙門推擇奏聞仍察曾經城守著績者不問紳士擢委一同調度事習則能贍志定則氣出耳京軍所闕月餉即與補給部庫不足借支內帑軍無所顧乃有奮心如賊果逼城須重懸賞格又饗犒時頒壺飱不絕要在鼓舞無倦人思致死然後退可以守進可以戰今京營十萬之衆用之登陴不爲寡闕如其未足取諸衞卒不必派役民丁動騷閭左通倉米粟速運入都牛車未足就

令京軍負戴用元人董摶宵傳運之法數日可畢軍腹既果盜糧不齎而京庾冀冀於是又可以平價糶濟民間事平買補苴非所難今人心驚渙首宜固結且益下原非損上僅一轉移閒而坐奠金湯其一切轉輸則呼召閒民給以常直使累萬饑寒咸得衣食於官亦足內消隱患在外則言遏援宜速檄邊將吳三桂將關寍之衆兼程入援三桂既至則唐通有所犄角而自奮二鎮互相聲援并薊津之兵亦奮矣臣聞寍兵不耐羈靮而吳三桂已晉封五等即非總督監視所得旁撓行間或拖或戰悉聽相機責人

（光緒）上虞縣志校續　卷四十四

奇功宜脫苛令也稍緩則言恢復東急眞定西急宣雲賊每得城卽席捲輜重以去雖設僞官留兵不多惟使本地軍民護守圖此非難合以畿輔責唐通宣雲責吳三桂力圖恢剿仍察首倡開迎叛縛主帥者立置之法使人畏官而不畏賊然後天下事可圖也若夫要著大謀期於遠收平蕩近捄傾危俱不可望之西北必在東南蓋西北多勇力東南尚氣義須用邊兵之勇力而兵多從賊何如用戰士之氣義以滅賊故臣嘗奏請留都政令宜與京師並重近復密奏東宮宜撫軍南出以鼓東南之氣繫近道之心

乃聖明守經以爲不可今賊已逼京人心動揺益須早決大計號召勤王事機一失後卽難追朱康王不出磁人無所歸心不拜元帥宗澤張俊梁揚祖楊沂中之兵不會使澤次第進壘之說不沮於汪伯彥則汴圍立解何至顛仆伏祈皇上參覽前事早奮乾斷命皇太子統師而南選京營將較併精卒萬人擇廷臣有才望者輔之出於河間德州之間事急則帥天下兵入援賊退則前駐留都控引淮徐遏賊轉掠山東竄截漕路誠令兩京奠安命脈流通然後徐用東南以收平蕩又何難焉是四說者奇正並存少

縱則逝惟皇上以暇豫之思決勇敏之策宗社蒼生實爲
厚幸至諸臣今日各以君父之憂爲急凡所以固國勢而
殄寇虐者務迅疾而弗遲疑一切迂愚之論俱當庋置高
閣若復以文相遯以迹相蒙宋臣有言是猶拯溺救焚而
爲安步徐行之計也臣謹昧死上言伏冀聖鑒施行

上虞縣志校續卷四十五

文徵內編三

與上虞令周君銓書　倪元璐

米價不減而上虞俱盡憂如之何比以歸掃松楸小留祖舍導宣德意捐俸倡賑爲里各管里年各管年之計唯是寒門兄弟以遷居會稽附甲無所歸著而寒族又什八貧困堪充賑戸者不過賤兄弟兩門耳今議以本族自賑本族不敢以煩他人而凡他族之富貧相等者俱可倣而爲之若其族之富多貧少者則責其兼賑他姓零處雜居不

成姓族者則責諸其里之富戶是在里長公虛確察庶不有辜鳩鵠耳又有敵者亂民搶掠一案先之以威嚴繼之以寬大仇扳必塞牽累必禁可謂操縱得宜之甚而比閭四鄉尤有小騷者似由一二舊案偶稽結證而地棍因之以嚇挾差役因之以索擾皆望台丈悉行湔除以示與民更始之意則懷德而畏威者愈大條示宜亟章之庶使窮谷皆知而奸人無所容其鬼蜮耳

與從兄三蘭書　倪元璐

役旋知涖任之期攬轡澄清此其時矣夫繡衣整飭官方

首以奬廉懲貪爲義第豸臺者百城之圭臬必先自處於潔清無欲之地而後可以激濁揚清轉貪頑之錮習且察吏亦非徒貪墨之謂也周官六計弊羣吏曰廉善曰廉能曰廉辨蓋守令號稱牧民其大要在於鋤抑豪强字養小弱爬搔地方之利病鈎稽胥吏之巧猾舍此不能則或庸愞而託於樸誠捷給而託於幹辦皆足以貽悮民生兒試平心察之分別黑白貯之夾袋上之封事則風厲所及其有益於吏治也多矣江右土瘠而俗□足以興起教化要使匡峯鄱渚間有以神慈頑者斯則儒者救世之雄業不

負所學耳

翊富倉書序　　倪元璐

或問恥曰人不能自食而倚天恥也鄉之人不能自食其鄉而倚國恥也今歲大祲民多死徙於是公私上下皆以成周委積之義爲當求其當事大夫規宏經遠慭然聚而謀其大者以求儲於官元璐藺存城曲以拘墟之見退而與其鄉之士大夫婣然謀其小者以求儲於社乃稽古社倉自隋開皇之制以及唐宋戴胄王琪所修參之伍之要皆有未協者以其資計威教悉仰朝廷蓋非鄉之自爲功

者也鄉之自爲功者古今惟考亭一法觀所行於崇安之
開耀鄉者綱綜粲然裁成道盡矣然在考亭自爲之則良
他人行之或倣繼此眞文忠行之武安亦良其後人踵爲
之日益倣考亭不曰里社不皆可任之人乎所謂可任之
人者能人義人愼人信人廉人天下苟不得是數者之人
昔之碧血今之冷風悲哉法之倚人行也爲法不能制人
必行而倚人恥也元璐之法察韃省機欲使雖不得數者
之人而亦可不害者則有五道焉曰託畀託畀者何也夫
託尊於官卽廢興由官官雖賢三年而權盡崇安之法之

所以不復者亦以其後舉倉歸官耳今以士人世其事以中壽量之極其身三十年其子若孫親見其事習其所持各又三十年是則百年常在望也百年之法以官守之須三十人以士人守之父子孫三人而已家無繫令而安里有多言而憚此爲雖不得能人亦可不害者一也曰居約居約者何也千人之聚有田者常數十人若以王戴之法畝責輸升是使數十人共執倉命也此數十人者必有數鵂焉必有數蝨焉今約之五人則尊俎揖讓定縱堂皇者五人耳其千人常在堦下其數十人常在壁上謀靜而專

志咸則銳此爲雖不得義人亦可不害者二也曰絕累絕累者何也劉宴以假貸非福青苗直以貸禍郎崇安良法後人敗之拘催不堪咸以告貸是故以粟貸民求息則粟有再死民亦有再死民頑不時歸粟粟小死歲大饑問諸鳩饉粟大死以法治民頑民小死春散秋斂五六月間價踊求粟不得民大死今就糴徵利以平爲功金粟迭處不離其據此爲雖不得愼人亦可不害者三也曰制欺制欺者何也大嚼者咋斷其舌左手持鎚右指惕血一身不可相信而況於人乎故鳴鼓雖公不救往過要鼎雖薄不形

來慫今質入穀出以鍾易石是使受者不私私者不負驥鰲同櫪不見驥亦不見鰲夷跖并纏不患夷亦不患跖趹飛來去倚枕聽之周鄭交質之謀而有邃古結繩之化此爲雖不得信人亦可不害者四也曰藏富藏富者何也過府而戟指者希不有盜心執炙終日寍當不知其味乎寢處京坻而我無與焉不及十年庸人皆倦矣今以爲其家之肥期而歸子旬而歸母後乃盡子囷子凡穀六千石受息一千二百石計上田歲入穀五石千二百石則爲腴田二百四十畝是則五家子孫世世之業也富此五家而千

家乃不饑食五家於倉而倉乃足千家之食自抱其珠誰得脫者此爲雖不得廉人亦可不害者五也凡此五者皆古所未嘗謀自元璐以意創爲之妄計雖甚淺疎斷可百年而上因著爲説以諗同人今饑民習賑等於驕子更一年不登誅求富者必立盡此云翊富是爲富者策救使不得貧耳至所寓意保甲鄉兵云然者安知是倉不爲武庫耶或疑此法終難行者固也當考亭始議社倉時吕東萊規以任所難任恐不成功朱吕且然何況今日雖然請自隗始夫衆不可倚也自爲之法不能身先之而倚衆恥也

上虞令吳侯德政錄序　倪元璐

天氣致嚴而作肅則歸溫於地德此君臣之義也舜以誅殛治天下而其諸侯揆事布教以著其善和元愷之德孝宣之震厲自漢盛時高文景武未有能及之者也而其時最多循吏民用以安故夫漢宣之治非猛也有桐鄉渤海潁川河內之徒保障喣沫以厚施其鍾乳而廣饋粱肉雖大誅日出元氣彌蒸其民愈附今天子明聖精強果遂之心滌剔天下而吾吳侯應之吏用樂只以大治吾虞列國之長能達天子求治之心則未有如吾吳侯者矣夫天子

之仁心甚充而靡有匱歉也而今者法紀中墜寇賊外興急兵兵絀急餉餉匱此雖使黄帝持繩老氏執矩不能不以嚴爲本計嚴者天子之以治吏也天子以爲嚴吏顧可寬民然今者吏畏嚴而遷嚴於民使民知嚴則吏之過也自余所見魚頳馬竭鴻嗸鳥嘵幾徧天下而歸視吾宇桑麻不驚歌唱四作故曰列國之長能達天子求治之心未有如吾吳侯者也且夫謳吟者精神之致歸也天子之治敗於驩虞而緇衣之頌夜興之吟聖人則登之於詩著之爲教是故吾民之歌吳侯可得而言之矣民歌吳侯曰撵

厥薙本撫我柔桑去其害馬馬是以臧此言禁强扶良也
曰有劍鋩如剚犀截兕有繩犁如分肌擘理此言決察也
曰不脂而躬而脂而土不塵而心而塵而釜此言至清也
曰我臥于于我覺徐徐雖更千世無遷我居此言無苛政
也曰東門之蒲其葉施施我以爲鞭民生其恥此言德化
也曰鐘則以扣治則以鎔猗與文翁化蜀之功此言教士
不怒也曰大鑑之懸孰或欺之大炬之燃孰或迷之此言
握照燭幽物莫遁也凡如此者結於至誠發之無意余既
而聞之則必正告天下以當魚赬馬竭鴻鬐鳥嘵之世而

一邑自謳歌亦使天下知天子精强果遂之心託於循吏之政適爲樂只如此且夫君子之事君也乘其朝氣以致功達其仁心以徧德世固豈有有君無臣者乎

仲兄三蘭學使射書跋後　　倪元璐

夫射以考藝而觀德焉戴禮詳其法周官悉其儀易云弧矢之利以威天下蓋由來遠矣高皇御極之二年詔天下府州縣立學校即以禮樂射御書數設科分教三年旋定射儀二十五年復詔習射於射圃煌煌聖謨偃武而不廢武如此爰迨承平上者正裳笏坐堂皇雍容禮樂次者獻

獵經史握鉛吐藻鼓吹休明六弓之設五射之辨八矢之調委庋高閣鮮有過而問者主上神武拊髀而思頗牧因可臺臣奏徧詔海宇習射祖制湮而復舉樽俎折衝於是焉在甚盛典也仲兄三蘭文武兼姿銜命視學豐鎬課較之餘時進諸長吏及博士弟子咨諏方畧籌策綏靖日夕懷射虎射蛟之志而尤惓切於新令之遵因採古今名將射要射病等言編次成書付剞劂氏孟子不云乎工者不廢繩墨射者不廢彀率是編固彀率之助也雖然兵法無過孫吳穰苴淮陰諸家今其書具在學者有能窺其旨否

驃騎教之而不受馬服子讀之而僨軍其成敗判若天壤然則書又何可泥也射伎也而道存焉語云巧者不過習者之門神而明之存乎其人願多士交相勖於簡牘之外以上報當宁則是編卽筌蹏棄之而予兄弟與有榮矣

題徐云吉詩草　倪元璐

鳥鳴有取於鈎輈格磔劍舞獨貴其渾脫瀏灕凡天下之好音在拗危器能歡物固有之詩亦宜然矣吾甥云吉天才獨高初未嘗爲詩纔一爲之便追作者愛其聲好而幽仄難尋當其鋒怒則姿華愈美此百篇者吾無一字王融

謂其甥孝綽曰天下文章無我當歸阿士今天下之詩慮夫有我而又歸云吉也

題女史素心畫爲陳赤城給諫　倪元璐

意山而山意水而水亦似雲行亦似雨起別有天地非必畫理女媧以前想當然爾坡公有言不在形似管夫人云倒好嬉子吮毫之徒未有明此是何健婦膽男兒偉畫亦有史女亦有士樂彼素心隔幃有咫秣馬秣駒江之永矣

從母王太孺人墓誌銘　倪元璐

吾倪氏以仁義聞至王父南望公而篤矣南望公積學不

售而有四子先府君中議公處仲而季即封侍御季父晉

源公晉源公先娶王太孺人相莊十餘年而太孺人即世

時生伯兄文學十年仲兄光祿八年其後四十年光祿成

進士又三年始以歙令最追贈今稱太孺人詩召入臺又

以恩申贈於是太孺人之德聞於天子者再矣光祿直節

鯁亮方有盛名通籍未二十年奄遽殞秀天下悼之葢光

祿既殁而太孺人淒然猶在殯也於是晉源公欷歔徬徨

謂伯兄文學曰往而母病革執余手泣曰吾實負公顧即

死勿藏也吾曰一汲於圍今必浮我是聞魂魄猶當持兩

兒吾卽死胸中氣歕然如雲霓卽兒不貴朽此園耳余聞其言心悲抑非亂命也故重違之今四十年而兒幸貴又不幸死復何待乎乃經度逾一年得地曰黃泥菴者形氏相之吉斷以今嘉平幾望穸焉當乞銘晉源公徊翔久之而以使其猶子元璐謂元璐曰古者卑得謚尊則亦可銘也吾特以子文約而有體耳元璐造然受命伏而思曰嗟乎婦德何易言哉戴子曰婦空空此言收名歛功示人之難也有可示人者大著耳婦德之大著二嬰變著節安常著孝節者治氣正才忠臣之事豪傑之行也孝之爲道循

性致情誠正之學聖人之所務也以元璐所知太孺人之
事吾王父母其幾聖乎昔者王父文戰不得志卒得心疾
疾作顛則舌出齦合血沫委藉以爲恒先中議未貴臥起
飲食卒須先中議先中議既第授安成令當之官王父病
不得行則獨與王母陳太恭人先中議臨去涕泣諗晉源
公曰吾恃若耳不然吾何可官晉源公年少專讀則又內
要太孺人曰吾亦恃若耳不然吾何可讀太孺人性至孝
以是二恃者則益恭太孺人之事病翁卽一切滫瀡瀞漱
嘗先意刺情不需呼命察疾將作夔夔憚憚無敢嚏咳無

敢啖飲無敢卧寐如是者十餘年俄歲驟饑殣量塗大孺人脫簪珮四求得精粲以供王父粗者食晉源公而自食粃晉源公讀歸見之流涕太孺人既致誠王父而又以不得侍王母心憾恨已而王母卒於官邸太孺人方以哭殤病卧訃聞毀踊過當竟不起閭黨稱之以爲生孝死孝太孺人皆有之也當光祿持臺使者節奉華綸歸里謁園宮伏地嗚咽贊者發明詔以次薦冠珈象服舄弈華轝當是時宗婣中外無近遠畢會皆吁歎言曰嗟乎天之報施孝婦如此雖遲久不於其躬抑豈有爽哉自太孺人之備德

齊案歸順諧類歸宜拊下歸惠教勤歸慈通務歸智安貧
歸介而元璐不敢詳稱識其大者耳卽季父約而有體一
言是教元璐爲文者也太孺人父賀陵王公爲勾餘聞士
其先樂湖雙堂兩先生皆顯貴太孺人年十八歸季父生
嘉靖己未二月十九日卒萬歷辛卯八月十六日享年僅
三十有三子二文學諱元珂娶陳光祿諱元珙天啟壬戌
進士歷官江西巡按南直督學御史以言事救護復社謫
行人司副稍遷今官娶賈季父繼娶俞封太孺人生一子
元琩太學生娶姜銘曰

兄弗貴愼無㾕悲哉其爲志也明乎孝必孝報之故雖四
十年而可俟

光祿寺寺丞先兄三蘭府君行狀　　倪元璐

嗟乎池草通魂人琴發慟豈徒其孔懷之爲乎夫五倫之
道必有所互取之故子賤取友乃云兄事王季綦兄而云
則友此言人與者貴其氣親而天連之期於道合也今天
下皆以吾兄光祿之於元璐爲有朋𠫤維元璐亦自謂吾
兄弟眞相知知之故能言之鮑管惠莊曰知我而已昔吾
倪氏自宋南渡由青州徙越家於虞之賀溪尋徙橫山其

紹興大典 ◎ 史部

在宋名鉅輩出文節父子其著者也入明傳代六七無顯者至曾祖抑菴公始由鄉薦令南城而王父封文林南望公至行篤學不仕至先君中議公始登甲科亢節致功鞺於天下然官不過太守而季父封侍御晉源公德甚劭亦不仕至光祿始爲御史持斧握衡然又不久中蹶至死纔得六品官而元璐一再侍從亦遂廢故人謂倪氏仕宦有如蝸游然以予觀於光祿十數年間服官致身所用磥砢楖梗爲世所稱說者雖不極崇膴其以紹我前人之休亦其恢宏卓爾者矣蓋當熹宗之末年逆璫魏忠賢擅政既

盡鋤天下異議者又欲富己過於天子乃使人四求天下富人私過奏之掠其資財於是告密蠭起歙州奸人吳榮者人奴也告其主富人吳養春以布衣擅黃山利數十年及諸不法狀卽有詔捕養春而使工部主事呂下問乘傳至歙籍其家當是時光祿由祁門令以能移歙而下問怙威暴横掠吳氏贓盡一郡掩捕四出光祿抗首爲下問言詔籍養春耳一郡何罪乎下問不聽衆積怒憤一夕萬餘人鼓譟斧部使門入下問驚遽踰垣走衆求下問不得乃大擾亂光祿聞變卽單騎詣部使門衆見光祿至皆羅拜

號曰公子我而使者薙刈之今必求殺使者乃歸死公耳光祿曰今殺使者天子必殺令是而殺令也衆悟乃散而下問夜奔二百里至績溪投空廨中蹲伏棵上者累日既定光祿乃往勞下問下問出挾刀哮曰吾今與令俱死耳光祿笑曰何庸爾耶已定矣下問旣無所泄怒乃上疏歸獄光祿忠賢怒欲逮光祿緹較已戒而其時詔使逮周吏部於吳吳人顔佩韋等憤譟格殺詔使事聞忠賢心懼遂停緹較而光祿事得解時坐養春贓百萬徵拷踰年未及十萬已竭忠賢疑所司奸利又使大理寺正許志吉者馳

歙州督贓甚急志吉故新都人而尤無賴自躪其鄉甚於呂乂以己御憲欲隸光祿光祿艴然曰以官則子客也於地則子民耳何隸之爲竟不爲禮郎入見故益偃蹇凡使者令下縣縣多持禁之而其時天下郡國盡生祀忠賢志吉乃以諷光祿曰爲令策救惟此耳光祿持不可志吉大怒罵曰是何蟲蟻而欲觸隆車乎郎草疏欲劾光祿未郎發會先帝上賓今天子御極懸鏡攬阿於是忠賢及其黨皆伏誅而光祿以治行高等入爲臺御史光祿入臺首訟黃山之獄劾下問志吉上斥下問爲民而使使郎訊志吉

光祿以天子方嚮言者言事日益銳凡居三月所上言請
召用廢籍諸賢劉公宗周惠公世揚丁公玉立方公震孺
畢公懋良范公景文蔡公思充劉公廷諫耿公如杞等又
論劾顧秉謙霍維華李魯生門洞開等又發吏部奸弊劾
主爵某某又請慎名器無聽雜流得入貲爲藩輔郡判凡
十數奏天子皆用其言頃之奉命出按江西江西之俗其
君子矜理學小人勤嗇力於農桑光祿因其俗而正之與
其君子俎豆明道而約奢激惰以教小人顧以今天下多
事豫章四達文脆而海鯨方驕兵禍必及乃檄諸路衣袽

爲寇備計居亡何而寇至江西自桃林瑪瑙竊發而後不承寇患者幾百年至是粤賊鍾凌秀等由閩武平突入贛界旋由贛入吉州圍永豐甚急遠近大震時撫軍移疾去代者未即至光祿以惠文冠攝理兵事募丁健飭將吏集資糧謹偵諜淸野積繕城濠以五千人扼賊心背又結鄉兵五千分防鄱湖九江之間遏其北流賊進不敢攻城退無所掠於是始困光祿又以兵單上疏請勅粤閩黔三省會兵合勦而先此我兵已破賊於黄牛崗既又敗之木湖及三省兵合遂大破賊斬獲無算渠凌秀等宵遁去自夏

四月至秋八月凡五月而賊平捷聞天子嘉之又以増城南昌功成賚白金三十兩當是時光祿又以將畧聞而朝論特以光祿儒者有文章名頃之奉命仍以御史督學吳會光祿之自爲文清微典凝守脉鋒見其察士則尊繩檢貴理道而特不欲沒其才以爲拘畏則氣衰以此别滌凡三年吳才盡出甲於天下吳之君子以爲三百年來學使未有如光祿者也而復社之論作社盛治才而其人矜名氣人求入社不得者皆忌之會諸生陸文聲有所欲中又希執政旨詭陳風俗云傲皆由士士必以社亂天下天子

方急正士下其章使學使者批根治之光祿上言社矜才有之亂無跡天子曰士如處女子即矜詭以何爲才光祿曰今士下帷結業相尙爲文章亦處女子之道也豈可以其刺紋有稱譽比諸倚門且文章者士之靈心即國元氣厲治士必絀才使天下相戒不敢爲高文非世之福不可執政曰御史庇士甚殆有牽撓不稱職乃鐫二官降光祿寺錄事光祿雖貶官心痛時事上疏規切執政語甚激又云今閣臣分曹擬旨無主名有所逃責請令各疏名使明主得因事考其能否奏上執政大恚擬旨切責然天子覽

奏必是光祿言更令易擬凡三上不得天子意天子竟自降詔俞之著其言爲令閣擬疏名自此始執政由此怒光祿以天子意方嚮之未有以中也亡何執政罷乃稍遷行人司副尋奉命治益邸喪事事竣歸里旣以稔勞又聞寇難禍及福藩痛忿齒齘忽病噎寢疾五月而沒沒前十日而光祿丞之命下今故稱爲光祿云此其居官大較然也元璐曰光祿長元璐九歲少同學五六年日一賦宛鳩其後同登第邸中連牀夜論呢呢至燭垂跋童僕鼾齁四徹語不得休大約相謂吾兄弟今日如趨塗辦程宜權騁宿

即所用報天子者上之致身立朝比隆崇璟琦鄉次之則
噩然言出氣飛使世貴其道最下則循事見能所至一再
稱惠人廉吏耳出此三端不可為人異時枕被相對[心/皿]能
裂裙障面乎憶為此語垂二十年而不意三言者遂為光
祿審傳象照夫人度量相越蓋甚遠也以元璐視光祿雖
後死走肉耳是故元璐每哭光祿必汗下豈非悲慟并來
神之自告耶光祿為人外爽中凝骨強體厚其事父晉源
公甚孝母王太孺人蚤歿時光祿方八歲至今遇伏臘歲
享輒悲慟不自勝而後母俞太孺人至慈光祿事之積誠

起敬滲瀡逾篤友其伯季推肥讓甘身歿之後而伯季乃倍飽其子故人皆謂光祿之能其官也其有本也光祿偉儀幹修軀廓目廣顙旋頷口幾容拳耳不及肩者三寸法宜壽然而火色師曠相王子晉岑文本相馬周並云火色騰上必速不壽固非誣也光祿病革執元璐手曰吾相不宜死今乃死嗚呼吾負君親悲哉光祿諱元珙字賦汝别號三蘭先中議之所命也曰虞二山蘭芎蘭臯與子而三期子嶽立芳紉耳昔先中議愛光祿過元璐而當先中議令安成有惠政其後以救劉忠愍及爭復古書院不毀忤

江陵貶徙安成人以爲忠祀之至今及光祿按部至安成以一少牢謁先中議祠下時冠蓋雲會童叟聚觀者塡咽衢巷人以爲美談云光祿以萬歷戊午舉於鄉天啟壬戌成進士生甲申十月七日卒己卯三月二十九日猶子會吉等卜葬有日請銘禮也元璐以爲大人君子必謹修辭故特言其衆著者使夫見卽不疑援筆易下耳漂說誣親敢乎哉

永錫樓記

國朝 俞得鯉

永錫樓者俞氏之樓也俞氏居嵊城最古嵊城於越爲尤

古晉史云安帝時孫恩聚徒雄海上殺會稽內史王凝之東南震恐帝使劉牢之東屯上虞吳國內史左將軍袁公崧緣海城滬瀆備恩故曰崧城云城故有市志又名崧城市仍其舊也夾城處者不一姓俞氏當其中宋厲居正志云瀆湖有四巨室俞李包沙是也明洪武二十年信國公湯和經畫浙東離姚邑西北五十里爲衛曰臨山奏以故崧城徙焉城遂毀僅存其址故今第曰崧鎮云俞氏風多愿樸以耕讀世子孫四維五典率先以孝　清順治初作家廟東向氣象宏舒神途百五十步道其南湫隘不堪駿

奔走余弟有嗣祺者慨然謂余曰吾不爲後之人無復有爲之者矣即以己產易之鄰購旁地近四尺許廓其途而又以己地左讓二尺許往來馳驟遂寬然稱達道矣於是謀集羣議聚資爲樓通力勸工不閱月樓遂成樓凡四楹下高一丈五尺許上稱之負峙臨流翼然出鎮上登樓遐觀秦望宛委面其南金簡玉字之奇尚有存焉者乎東望娥江出沒隱見孝女之遺跡在焉迴視禹湖百里浮光耀金千頃一碧其西則浙之水也西子之濯錦漂絮者在其中姑蘇之層臺未嘗不相對笑之北顧大海滄滄茫茫而

秦王之舟漢武之槎又依然動人意以慨也且今之世識量卓越者幾人哉營營蹇蹇謀及子孫曰吾田未美也宅未廣也又曰田之美易得宅則難廣故得尺則已之尺得寸則已之寸而其事關祖妣者一如東周君然以共主視也其能不以共主視而公已之產以私厥祖求之於世蓋亦鮮焉昔文正公登岳陽樓先憂後樂忠愛之氣形於遊觀藉登斯樓而孝思之感又當何如是不僅登臨遙矚感慨憑弔已也是舉也可以得夫永錫之義蓋取諸此

上監工尹先生書　謝鯨

聖天子重念此一方民愼簡李大人巡撫浙江查勘海塘
指示更改修理李大人素知先生愛國愛民德行異等轉
相委重先生仰副　皇上一勞永逸之望下體李公代牧
旬宣之意悉心查勘不避風沙工作細密士民懽慰兹稟
夏蓋山東首石池路向稱第一患口去年條石難購倉卒
赴工又議者未見　聖諭聳做亂石百丈但用條石蓋頂
不知海水東來蓋山西立風擁浪滙憑空駕溢易傾多潰
近山村落昭然可驗去年十月二十六日署撫憲傅公按
臨對驗惻然心傷面諭本府憲拆換士民輿隷皇天后土

實所共聞隨蒙傅公題請改用條石正月內傳聞　聖旨
相慶更生復喜李大人知人善任不委他員而重煩先生
豈不以先生已溺爲懷毋或忍隱以狥情面剔弊更新小
費而大利暫勞而永逸乎何瞽說欺天訛言惑衆或稱捐
築或恃山脚先生試思捐助之義緣於不足今二里海塘
實止四百五十二丈四尺合之　欽工碑記所載丈尺並
未逾額何事於捐況九萬八千錢糧方纔動用不宣　君
恩而先示臣惠理大不便若山脚之說益屬誣妄勿論舊
日塘皆近山今已烏有只看山下卽河山固有脚要在河

下其不足恃也明甚愚嘗私論石池路形勢譬如人身中咽喉咽喉一破潮入蓋湖波累會姚兩邑課命誠不足惜毋乃使　朝廷實心實政以百丈亂石而虧損縱普天皆土決不終棄而事後補救如　聖諭何鯨生長於斯深知要害恐先生乍臨敝地而虛紛於衆論鯨不早爲聲明則我誤先生先生復以誤李大人者誤　皇上矣深感下士之懷輾轉思維萬不容已悚懼拜禀

上尹先生書　　　聞人傑

先生勞甚鉠然久不候昨謝鯨禀詞戇拙冒瀆尊威聞先

生欲麾諸門外里鄰相對有欷歔泣下者傑甚惶懼謂旋轉之力全在先生奈何失先生懽但此事不向先生言有難爲告訴者故復畧爲陳之傑聞滅門刺史苟據理辨爭寍免一死然不死於言必死於潮與其遲幾日之死而使肉醬骨泥壓 天子以己溺之痛何如先幾日而死以冀改絃易轍貽三邑以萬世之安如二里石池路處所塘形陡轉地勢凹縮海潮至此山勒浪滙最易衝越卸塌幸蒙
皇上恩建石隄奢望此處加厚加高不知何故倒做亂石百丈但用條石一層蓋頂去年十月廿六日署撫憲傅

勘驗塘工傑等以患不盡除等詞陳請傅大人相度地方情形合算通報丈數當即面諭府憲拆換府憲亦面許拆換萬耳萬目喜達都省流寓人等二月間復讀府抄李大人憲諭內載傅公雖令改正尚未拆換之工有碎小爛石亂塡一連兩三層者仍令改正等語則知石池路百丈塘除蓋頂條石已下純是亂石豈有反不必拆之理乃聞執言捐築牢不可破竊思捐築之義或因塘逾報額今二里仍止四百五十二丈四尺何事於捐或因錢糧不足而五都　欽工歸於二里錢糧方發何藉於捐若云工房失報

百丈豈蒙創建亘古未有之工人臣敬共　王事竟不綜覈數目親仗丈尺但憑書役報送之理且即上虞果少百丈亦應各都里照數均派何得獨萃二里險要處所如謂七千丈之外共多百丈則朱大人覆本內止云共計塘長七千丈是揭朱大人查覈不精鹵莽以報矣如謂不敢欺君那管相臣既知尊　王則工當較後於　欽工胡百丈反裒然居首如謂禦患而救急理例當先則又不當純用亂石但用條石蓋頂況既捐百丈數應滿足何於四里陳正處塘又欲築亂石五百丈可知捐築不因少報而二

里之百丈似應澟遵兩撫憲所諭急爲拆換如以狂夫之
言爲不足擇恐東首海塘條石堅固而亂石短小輕鬆難
抵怒浪譬諸兵法乘暇危乎殆哉是則傑等皆寄生之人
偷以全軀而不得行將仰首嗚號急不擇音以僥倖於萬
一雖觸刑辟而誅戮但使遺患得以　上聞一彰　聖明
洞見海塘關係民命原期永遠堅固並無僞覆僞載之意
則殺一身以報　朝廷傑固含笑入地萬萬無所怨煞先
生肯一援手救事尚可爲也先生其有意乎則之死而致
生之臣僕唯命

曹黎湖重修四閘記

曹章

自古良吏頌慈父而號神君者莫不以水利爲要務如秦鄭國開涇水自中山抵瓠口爲渠而關中稱爲沃野名曰鄭國渠李冰爲蜀守穿二江以通舟楫灌溉諸郡號爲陸海漢召信臣爲南陽守於穰縣西造鉗盧陂廣溉二萬餘頃後杜詩復修其業歌曰前有召父後有杜母吾郡守湯公紹恩築三閘以灌山會蕭三邑之田民獲其利春秋祀之水利之切且重也古今豈有異哉吾虞西高東下卒苦旱熯故都圖皆有湖以防澇涸十都之曹黎湖創自唐貞

觀間二姓割田成之溉田一萬二千餘畝由是歲常得稔然鄰境之人不無盜洩者居民患之黃君正倫議建石閘使年高者掌之以時蓄洩其子直如復捐貲置東西二斗門且疏二渠設蔣家大板二閘其規畫區制之詳先賢趙俶載之備矣雖然千仞之塹壞於一蟻百丈之隄崩於一隙自設閘來幾歷歲年欲其無傾圮淤塞之患不可得矣吾祖少泉公目擊心營時時斥貲修築吾父培之公與大兄明卿公繼之不恤勤劬共勷厥舉自康熙壬寅仲秋至次年季冬止兩易寒暑而四閘始成石費若干工價若干

一一登記至今通都賴之歌頌不衰昔正倫直如作述於前今吾父與兄濟美於後此四君者使其出宰方州任責民社慈父神君之號當不在秦漢諸君子下然在上者易爲功在下者難爲力二黃君之與吾祖父兄之經營是閒也有較難於鄭李召杜諸君子者使必俟其得志藉勢而後爲則失事機而貽患害咎將誰委乎後之人居其土食其利務志前賢之志而羣以水利是急庶幾茲湖之永不廢是予今日爲記之意也夫

虞東勵士五美錄序

許正綬

皇上御宇之十有一年恭逢　五旬萬壽　恩旨開鄉會榜越期爲壬辰正科復　諭主試遴選眞才督撫慎重房考大哉　王言其以天地生物之心爲心堯舜得人之治爲治也與茲我邑侯滇南楊公溯浄攝篆來虞視事於辛卯冬而受代於壬辰秋其間適辛壬二科交會之間也天地苞符之祕國家培養之深山川清淑之鍾人文蔚起之彖蓄之於數十百年以前而發之於數十百年以後固自有其時焉非其時則勢姑有待而非其人雖得其時成之必不能大且久邑故有承澤書院舊傳紫陽講學處流風

餘韻猶有存者是以風氣醇樸代有聞人雖亦瑜瑕不一
得良有司探政治之本原敦禮讓於勿替愚者牖之覺路
邪者納之正軌得天較厚者勖之以有造有志未逮者相
與以有成虞邑雖小猶足爲治惜承澤遺規名存而實幾
亡歷任賢父母靡不有猷有爲有守政成而頌聲作而此
事若謙讓未遑者豈不以待時而動必得我公其人而後
興哉且公之涖吾虞也未及期月非必欲與吾民有固結
不可解之情乃以數十百年未竟之業慨然身任而不疑
是豈一身一家之計而一朝一夕之故公嘗謂正綏曰地

方多一讀書人即少一爲非人且一讀書人可化數爲非人是無非讀書人也又曰上虞文風艮美第其勢散漫故精氣不聚書院所以薈萃秀靈也嗚乎由前之言規模宏遠由後之言擘畫精詳推斯志也雖以之宰天下可也以之示千百世可也今取公所撰記文并虞東勵士五美錄讀之首書院儲成才也次義學端蒙養也次建考棚庇廣厦也次備卷金利童試也次籌公車路費勸計偕也數大端舉之同時成之不日而辛壬二科適屆乎其中直欲仰副我　皇上闢門籲俊之途爲一樹百穫之計而書驗之

名錫以經正又見扶持世教砥礪人心直與聖賢相終始而足爲紫陽功臣者公之德可謂久矣公之業可謂大矣公爲宮峯方伯喆嗣家貽清白學有淵源政簡刑清虞人德之惜正綬前忝司湖庠經義治事欲思繼安定先生之澤而德薄能鮮又悤悤去職無能爲也觀我公所成就乃卓卓可傳如是其能無感且愧與

虞乘刊誤序

許正綬

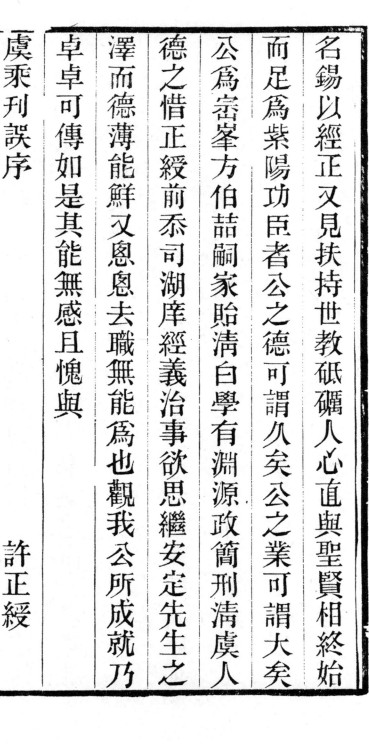

文章之道曰辭徵實而難巧惟史與志不然史猶有文章蹊徑志則舍徵實外別無擅長凡敷衍字句皆可刊也況

其誤也哉疆索之廣記錄之繁一邑必有一志一邑志誤則一邑不足取信以取信故修志修志而反不取信人之稱斯志也其謂之何君子曰是宜刊而惜乎任事者之難也才學識未逮其刊也與無刊等才學識逮而志未逮雖有刊之之具終無刊之之功甚矣志於任事者之難也吾友仙源沈君有才有學有識而實有志者也竊於其虞乘刊誤決之夫虞乘曷爲而刊誤先是有朱某者修虞邑志書出而誤林立當時鄉先生類皆諳掌故能文章雖指其誤而未遑刊後則漸罕聞今則寂不講矣不有刊也數十

百年後朱志不將爲董狐哉君毅然以刋誤爲己志本寒士課徒之餘窮日夜研究旣博綜載籍有不足則乞觀於藏書之家而復采父老之傳聞參師友之論說中間遘疾幾殆右手廢不能握管人咸爲君危或意刋事且中止君乃易以左手書極顛連困苦矻矻於是編不少休凡歷數寒暑易數稿而刋誤畢又於前志朱志所未及載者別爲輯補坿焉可不謂有志者與有志則才學識稍有未逮猶足以集天下事而況才學識各足如君也予嘗習聞其說歲戊戌以書示予曰朱志之誤刋矣君其爲我刋刋誤之

誤行將授梓盍序之予於朱志亦略一寓目未識其誤之何在既受君書讀之竝取朱志及前志核之其精鑒別也如温嶠之然犀其中肯綮也如庖丁之解牛犂然有當於心不啻若出諸口乃慨然曰其刊誤也取信也其取信也徵實也志之爲道本如是也然非堅志如君優才學識如君悠悠忽忽一誤再誤虞乘不殆乎哉君非以攻摘朱志爲己快實以保全虞志爲己任也予因以自愧且自幸愧同爲虞人無所表見也幸同爲虞人有所法守也

國朝上虞詩集序　　許正綬

國朝詩學極盛操選政者大率賢士大夫騷壇領袖然或務捜羅甚馳域外觀以詡該博或矜鑒別好斥名下士以示精嚴而於桑梓之誼文獻之徵多闕焉不講其有從事於斯者又皆各立門戸非濫即遺又廣列時賢近於標榜間附己作以自誇張非所以發幽光騰絶詣也兹讀謝君味農　國朝上虞詩集洵意美法良毫無遺憾焉吾虞在八邑中風土敦樸不喜自炫鄉先生味道之腴往往於窮簷陋室中歌聲出金石通籍登仕版者亦風骨崚嶒不爲依媚凡有箸述孤芳自賞初非求其必傳亦可決其無不

傳於是味農溯衣冠於在昔恐清響之銷沈毅然以捜葺選存爲已任山陬海澨斷楮零墨悉羅而致之而又爲之審源流明出處刪繁蕪定指歸凡閱五六寒暑而始底於成披讀數過恍若聚吾虞二百年老成典型相晤言於簡編而倡和於寤寐也嗚呼可謂盛矣且其功更不僅在詩古者采風之典與國史邑乘通今之秩然在集中者皆人物志藝文志也上可備輶軒之采而鄉黨後進食舊德誦清芬有一展卷而情動於中不能自已者此固知人論世之資亦訓俗勵行之助也其有關於風教者甚鉅固不必

以集腋授梓爲味農德然卽詩以論以搜羅爲鑒別於該博寓精嚴敦桑梓之誼備文獻之徵毋濫毋遺毋標榜毋誇張味農洵可謂領袖騷壇克操選政者矣而 國朝詩學之盛不且於吾虞一邑推驗之也哉

上虞縣志校續卷四十五　　文徵内編

上虞縣志校續　卷四十五

上虞縣志校續卷四十六

文徵內編四

石壁立招提精舍

南北朝　謝靈運

四城有頓躓三世無極已浮歡昧眼前沈照貫終始壯齡緩前期頹年追暮齒揮霍夢幻頃飄忽風電起良緣迨未謝時逝不可俟敬擬靈鷲山尚想祇洹軌絕溜飛庭前高林映窗裏禪室棲空觀講宇析妙理案康樂詩已入文選者八所共知茲不載

送孟博二首

宋　李光

我昔在閭里燕居處中堂兒女滿眼前嬉戲羅酒漿威命

上海圖書館藏

忽臨門一物不得將回顧堂中人獨汝在我傍舟行有蛟螭夜宿畏虎狼豈無平生交鄙遠多遁藏古藤邸處所敗驛無垣墻急雨扶風雷漏水夜投牀竹屋閧號呼老兵凍欲僵羣僚誰復顧獨見李與黃時時餽一臠稍稍葺兩廊生意春欲回倒景照屋梁散步得幽徑讀書有明窗僕夫浣我衣鄰娃縫汝裳晨庖鱸鱠美密室沈水香文字可消憂探索易老莊我唱汝輒和不知歲月長葛洪急勾漏蒼梧眞帝鄉汝歸固不惡淹泊庸何傷作詩送汝行示汝鴻雁行

我少事遠遊出門如野鶴藩籬脫雞羣乘風縱寥廓一往四十年平地起山嶽世緣眞夢幻電過不可捉南來幾萬里顧笑恍如昨昔如雲釋嶠今若軀脫殼揭來客江上風物喜滇樸豈無鄉土戀浮念起卽覺汝歸暫歡顏所念路悠邈朝行避煙瘴夜宿傍城郭賸誇魚米賤勿說風土惡囑送與笑迎但可付一噱

予得罪南遷朝廷樞密院準備差遣張君送伴凡八十日予嘉其勤於其行也作詩送之　李　光

日日孤峯對落暉瘴烟深處忍分離追攀重見蔡明遠贖

罪難逢郭子儀南渡可憂鳶其墮北轅應喜雁相隨馬蹄
慣踏關山路它日重來更送誰
瘦筇羸馬一貂裘江浙湖湘得縱遊萬里遠勞君伴送隔
年應笑我淹留默祈衡嶽雲開嶺夜入浯溪月滿舟北闕
舊交如問訊爲言白盡老人頭
季微季暉昆仲相繼見訪風姿議論皆慨然有祖風季暉
仍出佳篇見貽語極不凡且云卽往山中讀書作詩送
行　　李光
吾鄉顧虎頭千里飛食肉名參慶歷賢罪入元祐錄堂堂

想儀型凜凜見眉目百年議論定奇禍反爲福森然見諸
孫刻勵如白屋我觀宣和間權倖互當軸一時名家子半
爲閹宦辱暫時得富貴卑賤等厮僕君家賢伯仲抗志守
先躅幽情寄鉛槧雅尚在松竹僧房忍朝饑雪牖耽夜讀
訪我五松山懷袖粲珠玉嗟予久放浪歲晚守窮獨閉門
雀可羅三徑草當緑依山結衡茅一飯共脫粟呼兒具□
□山肴雜野蔌對案笑復顰負我十圍腹去去樂琴書山
中芋魁熟

迎山閣爲長慶寺登覽之勝暇日擕觴命友屢醉其上因

賦此詩　　李光

青山似幽人那肯入城府遠碧橫春空濃綠浮天宇常苦俗物遮不得快觀覩何年敞層閣軒豁開牖戶千巖勞顧揖萬壑隨仰俯騰飛若鵬鸞盤踞狀龍虎翩翩垂翅翼蜿蜿回肘股朝來拄笏看爽氣逼簷廡孤雲時去來寒月靜吞吐溪山自奇絶信美眞吾土我老賸得閒遇勝輒爲主朋簪俱莫逆棊酒屢清聚亦有支遁流時來共揮麈迎客如迎山好事免嘲侮常烹雨前茶不打齋後鼓從今贊公房名字照千古

遷城南新居　　李光

背郭通幽面翠微病軀野性最相宜旋栽花竹頻開徑恐礙雲山短著籬曉日臨窗時讀易晚涼隔屋聽枰棊三年瘴嶺無歸日聊向深林占一枝

早朝　　趙子潚

鳳闕鐘聲曙色開香飄瑞氣靄蓬萊侍臣鵷立班初合齊進龍墀萬壽杯

北面嵩呼拜冕旒星垂華渚彩虹浮春風滿泛蒲萄酒喜溢謳聲遍九州

一天星斗燦晴霄香熱沉檀瑞靄飄環佩趨朝天闕曉五雲重睹鳳儀部

象笏羅袍間綉衣斑斕五彩絢朝暉退朝擎出龍香篆知是丹楓拜賜歸

讀先大人伐金遺疏　趙伯溥

夷虜無情未可親年年遣使涙塡津武侯曾有兩篇表讀罷令人涙滿巾

賀南谷兄與男孫同科　趙與闢

暮年驥足騁青雲更喜文星耀一門觀榜同登父與子策

名重見祖和孫偶然盛事酬先志賸有奇芳在後昆我亦瀛州連步者相期忠孝報君恩

訪劉漢英隱漁溪　趙與縉

無情歲月迅飛梭卻笑浮生慮更多最羨君能尋舊業半溪春雨一漁蓑

寓居等慈寺感懷　趙善傳

欽從王命寄招提寂寂荒堦綠草齊明月夜深穿佛閣看來不比汴梁時

車輅院書懷　趙善信

地僻人稀到兀然對百樓墨花香入硯詩草色傾甌畫迴

拋書睡雨餘著屐遊還須期報主檀爇紫雲浮

閩中思親二首　趙崇燦

親老已多年離人求得還斑衣塵滿篋衰鬢雪盈顛愛日

孤衷切瞻雲百慮煎一杯稱壽酒那得奉周旋

遊子思依依旋歸未有期親恩天罔極王事路多歧蹤跡

隨蓬梗年華入鬢絲白雲飄渺處翹首淚沾衣

獄中附家書二首　趙良坦

試令三載無愧於心守節二年不屈於敵只因忠義二

字累及老穉一門所著詩篇附以見志

不才離別已多時脈脈關河入夢思萬種閒情詩易遣一腔愁緒酒難移風迴過雁鄉書斷月滿圓扉夜漏遲臣子立身忠與孝此心期不愧丹墀

一著南冠二載餘安危不必問何如精金百鍊鋼還鋭勁竹三冬節不枯對月欲同鵑帶血臨風會有雁傳書瓦杯冷落孤燈裏幾度吞聲祗自吁

墓廬追親　趙友直

萬古維乾坤一生資父母乾坤春復春父母恩難補贍彼

林中鳥猶能懷反哺矧茲七尺軀不念劬勞苦

奉和竹深見長人邑感懷韻　元魏仲剛名弼

東南地迥煙塵暗野色蒼茫滿故城落日可憐人物變長

江依舊汎潮生山營日晚愁笳急秋樹風高落葉輕涼夜

漸深山月上不堪愁思到天明

題曹娥碑歌　明謝肅

婉孌曹氏女生長虞江濱乃父按歌能樂神送濤江心迎

伍君偶然失脚成沉淪其時孝娥纔十四日夜哀號動天

地奮身躍入龍伯宮抱父屍出洪波中漢安年迄元嘉始

紹興大典 ◎ 史部

慘淡荒墳煙蔓裏度令深期民俗淯蕙肴椒漿方祭誄誄文本是邯鄲作勒石垂光非溢美好辭既賞蔡中郎妙墨重揮王內史內史臨池小楷精出神入聖由天成風格眞淯樂毅論氣運逸邁黃庭經曹娥之碑尤注意外足婉麗中堅直疾遲偃仰各合度正側方圓皆有程金錐畫沙鋒芒歛玉樹照水枝柯清秋風羣飛鴻雁叙夜天行列星宿明元常銘石猶隸體力命雅深堪與比鴻都分法授於神筆勢去來同一軌流傳蕭梁到李唐紛紛鑑者迷精光退之平時厭姿媚於此題識何端莊乃知嗜好在奇古況兼

孝烈如曹女碑陰隱語亦了然可惜無言譏魏武魏武徒勞校色絲以孝移忠忍不爲獨覺遺風扇鄉里順孫孝子相追隨四明有逸民示我碑一幅眞若圭璋出羣玉書家往往眞無識太息還君須韞櫝

寄武昌舍弟忠　謝肅

汝南吾北兩羈身白下分攜淚滿巾書劍幾年勞遠道干戈萬里隔慈親悠悠海岱浮雲晚渺渺湖湘碧草春何日得歸茅屋去會稽同作採樵人

寄舍弟原臣　謝肅

震澤烟霞失釣槎龍門風雪阻行車別來遠道驚蓬鬢夢
裏清尊對棣花萬里移書方占籍九秋看月定思家臥談
往事知何夕極目沅湘雁影斜

六月二十五日按察使陶垕仲僉事謝肅爲糾劾左布政
薛大昉貪淫等事旣奏准令按察司就行取問彼亦造
謗還訶有旨都提取赴京於都察院聽對肅與垕仲將
出福州城城中老稚莫不哭送詩以紀之

謝肅

幾行飛奏九重書一使馳回萬里途炎熱可能捐素扇清

冰元自貯寒壺氣隨虹蜺橫南極夢挾風雲入上都照見忠邪皇鑒在爾民何用哭行車

十一月三日同廉使陶垕仲於奉天門辭再蒙宣諭復職閩憲　謝肅

奉天門下承天語曠蕩天恩詎可酬繡豸已吞雙猛虎花驄仍按入諸侯每思盡力蘇民瘼終愧無才與國謀海宇太平身健在閩方雖遠足巡游

獄中作　謝肅

閩海歸來闕下遊忽從圜土作拘囚文章何用追韓馬義

力徒勞著李劉衰病母妻何所倚嬌癡兒女未知愁萇宏

有血終成碧歲歲春風草際浮

送王知縣上計朝京　謝　肅

封章上計宜居最奉命朝天在及期帝闕九重環象魏王

春一統發華夷班聯簪笏揚休日樂聽簫韶錫宴時旣向

楓宸沾聖澤好歸花縣慰民思殷勤農父耕田勸揖遜鄉

人飲酒儀寡婦何煩孟嘗訴孝娥仍詠度公辭湄風百里

眞堪復善政三年屬有爲莫道外官非近侍鍾山咫尺五

雲飛

送陳顯成還上虞　劉鵬

萬方多士滿神州，獨賜歸田聖詔優。白首暫看鍾阜月，滄波還理鏡湖舟。城頭別酒春堪醉，江上雲帆暮未收。我亦何年投老去，釣絲依舊伴沙鷗。

送貝榮善復師席　葛貞

東風扇微和江柳搖晴波臨風折江柳爲唱陽關歌皇都二月春如酒講下諸生待師久少年不讀五車書老大聲名空白首歌聲歇人欲別潮落娥江舟子催目送中流棹歌發黃金闕下天門開公車送出鸚鵡盃天長地久何時

再歸柳絲垂綠鷺花亂飛

寄劉垣之　葉砥

林下婆娑白日遲西風吹鬢也絲絲謳歌自放唐虞世箋註新傳漢魏詩芸閣藜烟過夜半草堂花雨及春時城中喬木無多在楚水吳山只遠思

題諸葛原𡗗悠然樓　葉砥

樓外南山湧翠濤樓頭仙客錦雲袍眼空祇覺塵寰隘興遠不知秋色高爽氣一簾朝拄笏清風四座日揮毫登樓老我元龍志湖海歸來亦晉陶

寄陳公貴隱士　　葉砥

士生秉素尚泊然忘外求冥心究典墳閉影守林邱匪伊居養適爲致學業優越東重華邑文物多名流子實邑庠彥矧方富春秋清芬播茝蘭雅韻鏘琳球霧隱慕元豹淵潛希琴蚪卜築擅佳勝於以資藏修瀲溪拖玉帶好山排石樓簪裾座恒集卉木景殊幽呫嗶屢披吟鴻荒肆窮搜慨余坐離索湖海久沈浮自憐萍梗蹤祇貽桑梓羞向來讀書地白雲空去留因之發遐想東望何悠悠

送弟友俊起復之京　　王伯端

泰運肇洪武戡黎一區宇謨烈出聖明夾輔藉肱股紀歷
三十春頒告敷下士厖惟版築求盜之草廬顧念汝齒方
富素業在鄒魯薦剡著英聲亭衞遂高舉白日凝飛霜蒼
生安如堵聲聞風木悲號奔淚泉吐卜葬歸高岡音容渺
何所讀禮始聞意存心懷報補仍著獬豸冠復展層霄步
富貴何足論忠良當自許白玉梅敷英黃金柳垂縷四馬
躍東風天開五雲曙

寄葉履道時輸作晉陽轉戍隴右　夏煙

故人輸作晉陽宮萬里河山一信通共歎還珠在滄海孰

云長劍倚崆峒秋風絕塞隨征馬夜月深閨怨斷鴻借問
漢家班定遠玉關歸路幾時東

送葛蒙吉金罍歸隱　　顧琳

峩峩金罍峰乃在百山麓上干青雲霄下瞰千仞谷中有
學仙侶羽化心何速丹井憶神光瑤卉春自綠我昔縱遊
賞貪奇恣馳逐別來忽幾秋遙遙空注目焉知千載下誰
能繼芳躅惟傳稚川裔一朝謝天祿簪纓下洞庭油然向
幽獨浸讀參同篇還歌紫芝曲雙鳧下江南令人起遐矚
他時賦歸來與子共餐玉

早朝奉天門　　張鑑

冠蓋紛紛入早朝數聲雞唱禁烟銷黃龍捧日開三殿紫
鳳銜書下九霄樂奏梨園諧律呂酒傳光祿送葡萄珮聲
欲散鳴鞭靜帶得天香過御橋

使安南天使館述事　　陳金

壯年有志慕終軍萬里南交策使勳星旆帶來天漢雨馬
蹄踏破越山雲恩懷帝德時消武化被華風俗尚文賓主
自知無物議夜幃孤館對清爊

太廟陪祀有作　　陳金

虎衛齋宮靜龍軒輦路長曉霞含月色宿霧散天香受胙先羣辟祈年及萬方聖心終有感宗祝日輝光

西莊別墅　王鋐

去去城西隅行行水西曲野木翳晴空河流漱寒玉有美考槃人愛此景幽獨於焉結華莊陰森倚林麓礐礐石上蘭猗猗檻前竹草色一簾青藤陰滿階綠膏腴數百畝牙籤三萬軸有水可釣筌有山可樵牧春陽花鳥饒秋風稻粱熟耕鑿得自如倉箱那充足談笑集冠纓宴樂傾醽醁清興託滄浪閑情付碁局冉冉閱時光悠悠謝榮辱嗟哉

爲功名半世受羇束。焉得似吾家端居享安福願言託比
隣煩襟一薰沐

洪武初先祖聽松公詿誤理曹謫居忠州永樂中卒葬於
此後先君守拙單身萬里躬來扶柩歸窆故鄉迄今四
十餘年矣茲予承乏雲南憲臬僉事道經故地詢有遺
下義孫守住舊廬已生二子漸長成矣感今念昔悲感
交集遂成此作時景泰七年十一月初十日也

羅　澄

大父昔年居此土謫身萬里不辭艱濟人醫藥青囊舊講

學生徒絳帳閑文墨儼存新手澤衣棺已返故鄉山冢孫宦轍來經此哀感驚心自慘顏

挽貝東阿　張輝

清河老進士出宰東阿城歷職二九載斯民樂其生所以卒之日民心悲不勝古來阿之民梗化致伶仃公今變澆習野闢戶口增隣封滋德化比屋絃歌聲聞古治阿者矯僞而遭烹公今樂易和廉介公生明於焉在阿邑化阿成令名夷齊飲貪泉豈以易中心生榮死哀泣宜乎太史銘

怡雲樓爲葛孜訓處士賦　張輝

怡雲先生誰共盟樓前喜有雲合并開簾放雲入几席愛雲如愛親弟兄先生爲主雲爲客欣欣默與雲相得朝送雲遊隘入方暮待雲歸護泉石石牀眠雲白晝遲有弟已躡靑雲梯借問樓居在何處金疊直北丹井西

送管雍仲領薦楷書　　張輝

天子龍飛統萬邦搢紳冠珮日蹌蹌文明共睹軍書混運泰重逢禮樂彰萬卷纂修廑聖慮九霄輝燦動奎光寰區雲集章縫士臺閣天開翰墨場昭代總龜森典則大廷儀鳳煥文章書成鋟梓徵端楷藝絕穿楊稱頡頏故舊家聲

推管子風流文物冠虞庠摶空雕鶚風翮健舊跡蛟龍霧鬣張挾策久懷超董賈蜚聲先已駕鍾王公期車馬馳星轍祖席賓朋薦羽觴一路梅花詩思好半江風色别情長月明行旆經吳甸春暖征袍換帝鄉鐵硯浸濡雲彩影紫毫輕蘸露華香勤餘十載燈牕力俯取千年姓氏芳到手功名誇巘嶸及時事業迴尋常此行坐見沾恩渥霄漢佳音早寄將

水西莊爲陳公貴處士賦　張輝

水西莊何處是出郭西門二三里緑柳堤邊一徑通碧篠

紅蓮照清沚有時鉤簾海月升金波瀲灩浮滄溟有時好
雨散晴旭新漲一犂催曉耕平疇灌得年年熟園果般紅
畦菜綠魚肥蟹壯白酒香客至酬歌太平曲我與隱君相
愛多扁舟邀我頻相過何當與君結鄰屋臨流共聽滄浪
歌

寄雙溪姪戍鎮番　錄四　　徐濟

仗劍離京慘別魂至尊不是少仁恩防邊有策人知否故
使英雄鎮北門
文武臣君一樣心只緣一事有升沈開門不放胡兒去十

里腥風馬上擒

背負長戈萬里行百年井臼獨關情不知昨夜深閨夢落

在關山第幾營

落日城頭急暮笳朔風吹雨陣雲斜逢人莫說鄉山好自

古忠臣不顧家

卮山草舍野語　　張　越

覆卮山前溪山繞覆卮山後雨滿谷谷南溪北數椽屋屋

裏有書書可讀老翁鋤地種蘆菔老嫗携筐採野菊小兒

開門放雞畜大兒刈草飼黃犢春來桑上催布穀秋後縣

中輸稅粟百年聚歡親骨肉一生不知榮與辱早起夜眠

貧亦足

寄拱北兄　徐文彪

宦途何窄窄戍路更迢迢赤腳行千里丹心照九霄形凋

虧影瘦身病怯心焦生性渾如舊逢人懶折腰

奉命出戍鎮番題驛亭壁　徐文彪

四塞黃烟朔雪霏草冠芒屨怯寒威黑花滿眼心逾壯白

首投邊志不違宦海十年無夢到狠山今日只魂飛酒樽

不負陶彭澤歸去看花聽鳥啼

送石峯燕峯弟戍鎮番　徐子瀹

送子盃親去遙遙萬里程孤帆浮樹出雙雁入雲横地迴烟藏壘天高月照營單于知力敝下馬請休兵

登中隱菴　車純

嶽峙天南迴不羣四時蒼翠色絪緼峯迴古院松門靜路界飛泉石棧分絕頂遙窺滄海日上樓高駐太空雲舊來遊履原無恙笑語山僧到夕曛

挽封君葛淡菴　王仁

壽逾三萬二千日恩沐重封四品榮爭羨腰間金帶綰忽

鶱天上玉樓成一時賦就仙蹤杳百歲交遊客座盈共說
從前遺慶遠金甌將覆子孫名
歸田　陳楠
廿載承恩久歸來守敝廬人皆疑骨傲我獨愧才疏濟世
原無策傳家尚有書蕭然臥一榻結念在皇初
癸丑歲紀事　謝讜
瀝城雖小亦自固蠷江兩艦鶖殺人黄草瀝前風浪急始
知滅寇是靈神
己卯歲紀事　謝讜

三吳正月苦多寇六月那知寇更多白米堰頭烟接漢百
官江上血增波
蟶江渡頭潮未生御史魂飛月下鎗捍主可憐三義僕丹
心應與日光爭

丙辰歲紀事　謝讜

上虞城東天夜紅海南竆寇來如風官兵好勇不好智一
戰殘陽虎帳空

擬古三首送姪師聖僉憲西川便省東越　徐學詩

行行重行行送子燕之圻凱風自東來吹彼楊柳枝如何

連理親折此贈遠離晤言未終竟征馬忽以嘶丈夫志四
海胡但傷臨歧顧茲相須殷執手重躕踟達士策奇勛努
力在明時行矣勿復道皓首願相期
行行重行行送子憶故里故里渺何許瞻望片雲起誰無
南枝懷況切北堂倚老父前月歸緘情獨寄此今爾復言
邁看雲還陟岵遙憐趨庭辰想像何能已長風振高翮洪
流馳巨鯉攬轡登前途萬里從茲始
行行重行行送子適西蜀高會集英僚清商激妙曲相顧
獨黯然戚戚誰爲璧傷此遠別離而更在異域劍閣摩層

雲峽濤振窮谷信兹行路難壯遊恥跼促況當强盛年高
軒抗長轂勗哉愼馳驅昔賢有芳躅

送謝海門之泰興任　徐維賢

驛路秋生爽氣新仙鳧飛舄下河津分封出自南唐舊爲
令當如西漢循淮甸風淸催去馬海天月朗照懸輪千年
世澤甘棠在重使蒼生仰後人

射虎行贈龍川先生　陳綰

藍田山南有猛虎磨牙殺人人共苦昨見射虎山下郎彎
弓欲發身先傷行人畏途祇爲虎昂頭黑面多威光邯鄲

少年負豪氣揚鞭爲問山南事人言畏虎我則殊下馬偏袒衣短褕翻身一箭入虎窠虎縱噬我奈我何歸來飮馬邯鄲下拔劍砍膾仍高歌君不見沒羽石中今所聞今人猶說飛將軍

遊古源院弔劉忠公　陳縉

秋色凝翠巘烟光薄叢臺山徑何閴寂石面多苺苔崎嶇轉林坳峽底興雲雷遝高一以眺萬壑松風來蒼茫遠郭樹萬城暮雲開俯契澄潭靜仰見飛鳥回西風掃石壁峭潔無塵埃會意了萬象適情忘九垓寒聲起蕭瑟弔古生

餘哀忠諫不可作龍圖安在哉因懷梁父吟嘆息復徘徊

賀紹興通府柏山雷老先生署上虞篆歌　潘清亶

滇南有山眞奇絕翠壁嶙峋駕九嶷蒼松老檜非不產獨挺參天古柏枝柏枝本是樑棟器丞年射策驚宗師才筆吞吐凌董賈籍藉聲名四海馳皤然起慰蒼生望簡命煌煌倅會稽會稽爭沐陽春澤我虞先被仁風吹虛懷訪治進芻蕘敢曰予聖遺葑菲當官檢點惟三事與民約束張四維清如寒潭秋月澄澈底暮夜應慙誇四知愼如六馬朽索馭峻坂厝火積薪敢忘危勤如在堂蟋蟀憂歲暮戴

星出入豈憚疲訓我士民勿暴戾暴戾由來天所擢訓我
士民勿狡詐狡詐徒爲人所嗤聖訓申明振聾聵家喻戶
曉非空辭尺度權衡較畫一坐令薄俗還醇熙豐宮圜講
徹牛斗敵樓羅列壯熊羆民無冤獄昔定國野有遺金今
伯夷皇天偶爾肆旱魃三月不雨公心悲焚香告天天不
應載修載省禱金罍制詞稿拜甫三日不珠不玉甘霖隨
村翁稺子樂豐年天人感應良不欺報政三月眞神速紀
功勣有道旁碑花封百里春正盎五馬來迎何騑騑已知
寇轍終難卧相看共詠甘棠詩他年採入循吏傳芳徽直

與范王齊小子才慙非班馬謠歌曷罄揄揚私惟願我公
仁恩普八邑虞爲湯沐屢撫綏更願我公霖雨偏八荒虞
爲湯沐多沾濡

贈龍川先生起任銀臺　朱朋求

聖主勤求舊旌弓到海陬幾年歸嶺北此日送江頭政在
銀臺紀勳從玉節籌山中只我耳所願治伊周

召入賜觀各殿　徐應豐

閶闔春深瑞靄濃蓬萊自是隔塵蹤盈盈星月輝仙掌裊
裊烟雲繞漢宮繡幕聲回霄漢樂朱闌香渡露花風微臣

莫報君恩重拜舞堯天舜日中

送弟龍川出使淮北　　徐應豐

鳳沼爭看兄弟游忽持旌節下揚州青霄月淨江城夜白晝雲開海甸秋歸雁一聲驚客夢好山兩岸送仙舟漫將鄉國春風話來慰辛勤人倚樓

元旦慶賀會飲　　徐應豐

雙鬢乾坤一寸丹含杯秉燭共君歡月明仙闕爐烟細夜靜天街玉漏寒干羽兩堦周禮樂嵩呼三唱漢衣冠自慚千古風雲會長對南山帶笑看

江上送余大令還閩　　黃之璧

余性寡交遊而獨多好尙愛君蘊忠憤寓意常怡曠屣眎千騶榮鼓枻清潭上江汀五月中涼風送歸舫秀黛湧青山奇花蹴高浪還君何所營葛巾漉松醸千載陶紫桑與君兩相望

懷古四賢　　黃之璧

魏君少倜儻奇氣矜自負白刃既能操青雲亦自有明經辟司徒崛起彭城綬功收九真尉譽達三河守人生貴適意高位豈必久尙書歸閉門著書亦不朽　魏尙書朗

炎德昔中潰氛沴橫四起西鄉上將才投袂逢此會鯨鯢死潁川虓虎殲交趾再戰黑山顛復震白波死威聲滿天下撝謙良有以不伐視前賢奇功載後史千載揚光烈當今曜吾里　西鄉侯朱雋

中散玩世人豈是俠中者洞鑒出坋域淪跡伏草野能性雖難馴山公豈能舍心樂魚鳥親性陶絲竹寫彈琴綠水曲冶鍛清陰下濁酒陳生平何物看非假惟君夙譽眞千古七賢也　嵇中散康

康樂芙蓉姿芬芳溢人齒好古博羣書怡情澹膴仕中外

雖歷宦雅非素所喜才藻付山川睿哲歸名理文章無代謝年壽有終始寄意千秋人賞音悟此旨　謝康樂靈運

一門三節爲從嫂龔氏姑媍賦　陳　輯

操凜冰霜鬢亦霜媍姑相繼老空房近將柳氏堪同傳遠擬共姜與並芳幾向鴛幃悲夜枕每臨鸞鏡廢晨妝烏臺表奏旌閭里不覺蓬茅頓有光

悼謝揭陽用齋先生因追痛武進君二首錄一　葛　臯

令弟三冬逝難兄此日亡朝雲看易散良玉惜偕藏未竟爲邦畧猶傳並第芳機雲難得挽才或忌蒼蒼

過五大夫里懷前侍御潘雲麓　葛臯

大夫故里五松隈落日荒荒杜宇哀雲度白湖隨鳥没嵐收青嶂逐人來浮香閣下草俱歇疊錦溪邊花亂開憶得曩時驄馬客春風吹不到泉臺

陪王碧崖父母築塘　顧充

上有曹娥江下有侢江浦環江列民居世世樂安堵忽朝湖水溢膏壤皆斥鹵雪浪猛擁山無能射强弩江流混河流一日兩吞吐田禾盡朽株口食仰何取一自遭淪胥逃亡十之五炊烟半失青朝食日過午七鄉處處愁萬口聲

聲苦富者且荒涼貧者眞淒楚愁淚不可彈滴滴漲江滸
余有拯溺心一箸慚無補誰成捍衞功荒區爲樂土我里
有孔痗千里隔官府民瘥毒如荼奚堪政如虎脂膏已剝
摧何日收網罟溪壑雖可塡有鑑在郿塢

題東原葉公褒直册　顧　充

葉叔明嘉靖壬辰進士授福州府推官召拜御史時禮
部尚書嚴嵩受諸藩賄濫予封爵叔明抗疏劾之下撫
按勘其事嵩爲切齒已而出按山東東平有尚書子横
州里立捕治抵罪遠近肅然是年鄉試職監臨策以邊
方内侵禦應失當爵賞冗濫征求四出財竭民困爲言
嵩因摘錄中有云繼體之君德非至聖作聰明以亂舊
章好自用而不能任人涉毀謗貼注以聞詔杖
八十發原籍爲民遂卒隆慶改元贈光祿少卿

繡衣豸冠乘青驄承命監臨山之東欲把文箴攄臣忠錄
成遙馳獻宸衷何期伴食肆元兇反羅文獄中姦鋒堪嗟
射隼無成功故令直道難爲容身兮雖死名日隆聲稱烈
烈雷行空埋輪折檻當齊風鐵肝鐵面應追蹤天王明聖
初飛龍首錄忠賢旌勳庸鳳章褒直官階崇慶流弈葉恩
波濃始知白日青天中是非千載還至公我爲國家惜豪
雄猶憐一死換餘榮

萬曆乙亥之夏天氣亢旱五月晦夕風雨暴作海潮四溢
漂沒廬舍淹壞禾稻憐而記之　　顧　充

（光緒）上虞縣志校續　卷四十六

乙亥之夏天高晴晦夜忽聞風雨聲江水海水卒齊發熱如沸鼎波濤驚波濤四入浪霏雪高原深谷無分別室廬漂蕩類浮漚須臾赤子皆魚鼈最憐醎水淹田禾田禾立槁如之何終年仰望今已矣將來餓莩還更多嗷嗷萬口籲天泣淒涼千狀難收拾何時惠澤自天來還愁擾擾催科急

過朱娥祠　葛焜

孝女祠堂溪水邊蕭蕭古樹近籠烟遺碑自得臨風讀不待中郎事亦傳

旌節婦馮氏　朱再期

早年天爲奪梁鴻曉杼昏燈萬感鍾辛馨産償官鏤骨髓扶衰撫稚皺眉峯曹娥江上中秋月天姥山前百歲松一點貞心參宇宙先題家史待襃封

新安閘　倪涑

君不見虞山崒嵂接天平豐隆送雨天河傾又不見甫田十萬縱復横暮方苦雨朝憂晴天地難全從判剖裁成自有經綸手鼇踞俄驚岡阜連虹蟠不放蛟龍走長隄錮玉匯深浦烈日飛甘作霖雨闔闢乾坤造化權謳歌德澤仁

明主四郊稻熟天風香玉粒紅鮮百萬箱輸租不用追呼
吏簾捲琴堂白晝長地靈停蓄人文開盡道龍媒渥水來
漫云蘇子隄湖績翻是文翁化蜀才公堰民田立民命民
碑公堰留公姓烝嘗千載軼西京召伯甘棠良可並世事
滔滔猶巨浪狂瀾萬里疇能障望公鍊石補天漏手浴紅
日扶桑上

起田七徑以溽夏有閩中之行三律爲贈　徐如翰

論交童穉早惜別壯年輕佩劍囊雖澁看人眼尙明西陵
烟水盡梨嶺樹雲橫莫動鄉園思天涯自在行

客程休計日旅思任飄蓬村酒菖蒲月山花茉莉風暮涼
微醉後曉發獨吟中忽憶歸來日庭前雙桂紅

覆卮山龍眠石　　　　葛曉

萬仞未易梯綿蜒亘雙邑草木不敢生中有仙人室登臨
俯層空羣峯亂崒嵂勺水蛟龍蟠今古不枯溢農人向予
言歲歲沛膏澤

健婦行爲宗節沈氏作　　　　倪元璐

有健女子漢不如鬢眉百輩爲次且天柱地維時鼿鼿手
持名教安盤居十八間關方婉孌雞犀珮玉春風倩星橋

忽圻燕羽差千日簧翻激於雹塵生甑釜家徒壁藐爾呱
呱老姑戚收魂約痛爲其難朝事酒漿暮襞績燧人無靈
風不反旱魃爲虐池無蘗天之杌我艮不克摩榆織荔矢
弗諼大刀截髭小截機誰識青閨是絳幃參窮蕤盡課不
歇鬼爲夜哭同歔欷二十餘年猶一旦芝草榮階方燦爛
未亡無志求難老歸報黄壚應一粲吁嗟苦節自不朽乃
若其才世豈有方今海宇急需賢安得如爾者八九穀以
治兵無逍遙晳以治糈何庚癸分津布要誠如此潢池坐
化揭竿毁貰刀賣劍賴循艮剷盜稾縛蟻賊偃於女則師

士不冠匪徒家禎伊國祥臣忠婦節排九閶仰視列宿射

寒光

遊鳳鳴山　陳維新

十里山城迴松篁夾道紛溪回天競秀山舞鳳爲羣花展

露雲溼煙村抹夕曛不愁仙路隔林月已殷勤

聽水搴蘿過乘風曳杖行敲開塵外宅恰坐雨中亭拜石

津如隔穿雲洞不扃到來今始覺何似赤霞城

石竇疑無際奔濤何處來凡涓皆赴壑小響亦驚雷曲折

白龍去縱横丹嶂開臨流如有羨若媿濟川才

不乞盧生夢華山有睡方枕中聊捷徑柯外別行藏塔古鬚眉肅谷空襟帶香悵歸煙市暝飛鳥度斜陽

秋夜　陳維新

葉在聲先落吹燈雨暗生嗒然爾我對獨讓夜蟲鳴

送倪三蘭年丈假旋　陳維新

喜從驥附綴淸塵白社于喁意氣眞豈以看花憐薄態翻因折柳暗傷神攜來春錦堪娛綵歸去秋江正及蓴蓺館不禁蕭瑟甚能無尺素慰儒臣

登蘿巖山　陳維新

有蘿可以隱有巖可以棲被蘿息崗中興高雲杪齊城東百仞山突兀開丹梯杉篠沉蓊鬱石磴榛荆迷幽志力窮邇策杖猛攀躋上見玄豹踞下見白猿啼廓然陟層巔金碧古招提僧厨虛芻苾佛火冷玻瓈唐碑蝕苔蘚晉瓦穴鼯鼷海若撲眉睫澎湃萬騎嘶鼉鼉吹陰浪蓬島影曉霓夜半浮桑日清籟聞天雞煩窺遠嶺樹參差密列薺烟點千家小市郭辨星畦超睇三界外更覩華嶽低不如驂鸞鶴霞車日月輗山水夙昔緣苦觸塵藩稽並遊良足樂香花印屐泥

題黃白仲文集　陳維新

君不見嘉萬才人七雄霸冠冕文章不相下白仲奮起無尺箠平揖諸公氣閒暇是時東海屠緯眞跌宕骯髒體魄親獎譽箋書盈幕府游揚欵啞滿平津一朝聲價騰赫奔葛巾履壓烏紗席七貴邀嘗參豹胎五侯競進靈羊炙華藻由來不療貧雕鏤眞宰天公嗔結客馱錢醉十斗全眞辟穀饑十旬繡毛落盡皮作鼠歸向邸園藝葵茹馬卿遺稿屬山妻李白儒風覓雙女太平虞夏在神皇捐金抵璧還東滄土沙漲没古釵色夜夜西原見寶光多君弔古紹

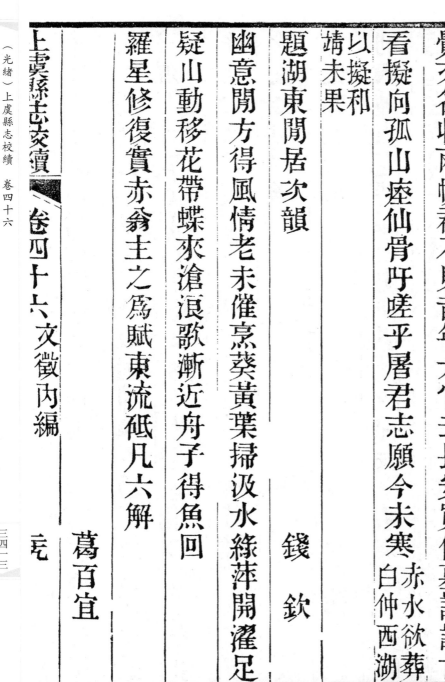

京裔時鍾常夫刻黃白仲文集隻翰纖詞逐聯綴恍然處士生九原漸覺文名收兩悅君不見昔年大官去長安買作墓誌誰肯看擬向孤山瘞仙骨吁嗟乎屠君志願今未寒赤水欲葬白仲西湖以擬和靖未果

題湖東閒居次韻　　錢欽

幽意閒方得風情老未催烹葵黃葉掃汲水綠萍開濯足疑山動移花帶蝶來滄浪歌漸近舟子得魚回

羅星修復實赤翁主之爲賦東流砥凡六解　　葛百宜

東流砥奠逝川斡旋地軸人力回天　一解　風氣適靡眎厥替興閎疇昔感慨生　二解　取諸鼎義不仍五色石煉作星三解　功倍紉較百千昔陀而泐今壘以堅　四解　屹天表象光明介文昌覲太清　五解　三台若麗百雉若雄千秋不朽繫誰之功　六解

寄懷閻公族弟　國朝　倪會鼎

別久鍾山老情深內史新還操封禪表遠邁樂游人曼倩門堪避歐陽草不貧五文餘業在藉爾步芳塵自宋迄明倪氏以文爲謚者五

青史君千載黄冠我半生陽秋當晉牖脈望饜書輕夜雨
牀難並池塘夢欲成郵筒共花蕚不畏石頭城

太保雨田公惠德祠十首　倪會宣

金陵水甸事艨艟快艘重添類轉蓬但以藺繇加壁壘竟
忘劍氣仗崆峒挽漕萬纜官爲政應調旬時力可通何獨
南軍承此役顛連湯水盡樊籠

艅艎絡繹走天津倍道兼行苦未勻豈謂昆明須練鷁坐
令羽騎盡懸鶉誅求不息逃亡籍朘削難同攏畔垠莫說
石壕斯更甚先時補伍只口身

規模遠大不忘兵無限黃頭是謝聲羽逼程途仍供億雲屯谿壑責逢迎狠饕已竭生無計蠶食多方變已成損益由來皆氣運郎官供職暫經營

琳宮習禮候鳴雞朝天宮有官習禮處列陛千官鵠立齊敢以閒曹虛歲月特因至計效刀圭不施枕篳形爲瘠邉問戈矛附欲擠幸得回天成石畫一時感泣動蒼黎

經年報政盡歡呼特上新編佐廟謨上船政新書欽依歲頒行板存祠中省金錢難數計澤垂樽俎承沾濡璽書勞問還銘鼎椽筆揚光非濫竽耆舊殷勤談往事流膏盡若醉醍醐制詞有云息弁

瑺則歲省金錢萬計新船政則民留尸祝千家又曰鼇二
百餘年之積蠹予四十八衛以更生使根本之地固以苞
桑尸祝之情延其俎豆其爲功德炳如日星崇禎間有御
史奏南京自倪某新船政之後積貯至今已踰數十餘萬
應下司農清核王弇州四部稿載倪公新船政爲百世利
顧璘初客座贅語云倪駕部出四十八衛於湯火其子孫
願世世祝倪君不衰朱蘭嵎先生云倪公必大其後近日
龔芝麓□王觀察云有欲變更船政者公力持之民賴以
安皆實
錄也

蒿心到處念痌瘝斗血爲枯髮早斑嘗云吾斗血咯咯爲艅艎嘔盡特以
兵農歸至計敢忘舟楫濟時艱議酬殊擢辭成命政府以璽卿及
衡文酬功力辭不受且乞歸耕早放閒揚歷一生臣道畢獨留輿頌
滿塵寰

治城寂寂大江浮遺廟猶存已百秋不爲五千講道德還因百萬祝貔貅垂恩共道桐鄉好墮淚還口峴石優錯落諸孫皆老大空慚風雨費綢繆

朝天宮畔卞公祠德惠祠連事亦奇仲父矢心殉聖主阿翁有意得佳兒烝嘗並舉存尸祝膾炙留芬共口碑忠孝一門今視昔全歸攜手慰鬚眉

荆榛無復見銅駝淮水湯湯日夜波白社猶能存舊典甘棠正復長新柯故鄉墓碣瞻依遠千里祠宮感慨多肸蠁還應先此席鍾山風雨黍離歌撫州淮安荆州瓊州俱有特祠而瓊州又有倪公井

倪公城
諸迹
文德橋邊領多士雞鳴山下冠膠庠先侍御三蘭公以蘇松督學有事賓興先文正以南司成掌翰林院遷
宮坊例應主司南畿辭不就揚言先世推經術珥筆明時
盛廟廊楞散纔能守清白丹鉛不復别驪黄典模夙昔思
無盡汗下霪霪淚滿裳
五君詠　徐承清
善伯先生諱爾一
縱姿終賈轍英挺驅先哲赤驥捷千里博謇舒姱節蒿目
斡八荒抵掌震宮闕灑泣表忠藎死祖起泉穴東江天柱

摧驚叫藩籬抉獨喙爭羣鴉餞魂奠杯血時事乃日非呼天賜百折銅駝會將移至言等纖映耿耿格人心慘慘江山咽啼鵑帶血歸千古欽風烈

一我先生諱觀復

一往護龍性志立天可勝宮徵變文章忍定能造命擢穎姚宋材豈云百里竟堅非石可方元冰凝清瑩非傲嬌嬌臣眾獨砥囂競奮身退急流木石處季孟佞佛撲炎火逃禪脫機穽忽然天日墜隕涕忘劇病登山悵錢塘急洗頭顱淨浩浩投刼灰义手入圓定

雲光先生諱如斗

善人南國紀初不闕圭璽道風足起衰吾黨共仰止淵心獨古懷續我南孺子積素樹瓊枝靈珠落寸紙藐末萬夫雄蒙霧潤豹理緝緝下風行肅肅著端軌高者樂就裁卑者祛穢鄙江河聽操瓢腹果洽甘美水火調族情淡交無遠邇獎掖後昆賢掩口絕非毀養眞寄宿痾杜門避塵滓久矣我忘吾溘然返宅里

扶搖先生諱景麟

勁翮培風早鋩穎脫知非道路意南北履危獲祥機風波

老學識戰勝乃獨肥委蛇善戲謔矢口集芳菲競㖅兩無
礙中庸其庶幾
漢官先生諱復儀
十年扼老驥坦道遭顛躓旦暮乃舒眉皤然多痛刺解褐
上幽燕孤臣血盈背風雨巢南枝長江渡北騎請看何等
時御命走滇試干戈滿天涯一縷斯文係電閃闖途中南
冠易染薙髠髮酬君親抵死矢無二除卻酒與醒唯餘骨
與氣瞻前父皓首顧後寡幼穉真此一寸心困憊無噤悸
待盡一草菴兀兀同翳樒全身歸夜臺庶不夷齊媿

羅星亭落成　周祖唐

若稽古虞嶓地紀左挹姚江右娥水金罍拔秀鍾神仙玉帶環流嗣帝子沿今千禩洪波傾風濤澎湃無停聲龍門片石誰砥柱中流消息應難憑明公饒有巨鼇力手挽隤波奠江國浮來不用覓羅山一點羅星鎮如石星明水抱亭新成風恬百里濤不興魚龍崛起雲霞蔚海隅被德歌蒼生

登蓋山絕頂書壁　俞得鯉

絕巘參天出柔風拂雨來梟隨雙舄至石似五丁開海氣

蟠龍閣湖光上佛臺銜杯忽長嘯眼看一春纔

讀葛百岡先生覽編先生上虞人生隆萬間好周覽佳山水多著作與徐文長爲生死交

俞得鯉

漫說無知已開編即契君神猶三楚結齒度百年芬興會

羣司馬風流一右軍挑燈長歎息吾硯正須焚

高蹋今何在相看若有緣爾官非不達吾迹媿猶邅山水

餘佳話雲霞出覽編人生總憊極一字可無傳

挂冠

徐允章

數竿修竹是吾廬悵别青山十載餘鏡裏已非來日貌篋

中猶賸舊擕書仲長蔬果還多味平子田園且自鋤温飽何曾關素志不緣秋思在鱸魚

祈雨卽事　徐允定

癸卯六月旱魃凶南村西村禱龍宮父老爲言麋家峰峰頂廟社感則通焚香沐浴往相從去時斜陽射樹紅高天一碧雲無蹤須臾擊鼓聲逢逢往還百里捷飛鴻依然新月掛長松一聲霹靂轟虛空黑雲壓山號天風初聞點滴響梧桐颯沓砯砰相擊衝電光爛爍勢更雄三更伊始五更終空林餘滴烟霧朦微聞遠寺鳴淸鐘一雙蠟屐呼鄰

翁走拜龍亭朱相公

愁旱籲天歌　　徐允定

四月五月雨不止懷山襄陵勢如此屋溜聲如矢戟攢一齊攢入農夫耳忽然六月初四晴朝看霞氣暮看星從此朝朝復暮暮一丸西沒仍東行天爲甑蓋地爲釜紫烟赤電燒空怒萬物於中作沸羹朝煎暮泣咸焦腐蛟龍渴死虹霓跳元冥愁嘆魃鬼笑冷摅寒玉不可求低垂喘吸還狂叫嗚呼一雨雨勢必滔天一晴晴威必爍川痛哭黎民幾子遺能經耗斁時連綿我恐籲天天不聞翻逢天怒加

炎㷔天如聲雷騣瓶滴涼氣橫空銷火雲

答沈清遠見招　宋志學

五十年來已息機荒齋終日掩蓬扉衰頹不合　典朝佐

容我空山老布衣

懶隨袍笏侍金門桑柘間閒長子孫幸藉故人傳好語餘

年終荷　聖朝恩

附原詩　沈文奎

烽煙盪掃海波清爭向旂常勳績銘紅霧初開朝日上

不應更作少微星

蘿岫山中皁水濱沙鷗野鶴稱閒身思求助理呼將伯知否朝端有故人

自述　曹洪圖

少年負不羈十七圖北弋蹉跎何茫茫事物雄心力挾策游秦晉潦倒仍惻惻不幸萱椿謝昊天悲罔極室子交相累謫謫乎衣食伏櫪志千里文淹武不職徒業學蕭曹希效漢功德世下重科目格限飛騰域霜及徒精銳韜光沈巖崩三十博邑丞微名等雞肋受命任吳川時蹇值鼎革家變起蕭牆焚刼遭叛賊困頓似楚囚阻滯遠行色埋頭

餘十載居易林泉側何意諸當道延我上幕軾郡邑司道廳周流奏六敕借彼售夙願國計民生克壯齒赴徵車皓首歸里閾妻老子成立幸有四孫息嗚呼生不辰終我於稼穡垂釣付東風渭叟堪追憶書述生像圖遺留後裔識攜皆兒過董生　錢霍

我來求友空山裏山人獨往收松子向夕攜筐樹下來雲生茅屋茶煙起松花爲飯桂爲糧醉卧池邊冬夜長東方乍白寒暉動數聲睡鴨叫南塘空濛朝氣歸寥廓予亦將雛入城郭君行采采莫相忘夜來松子風前落

南山草堂　曹章

築室南山陲退閒欲終老綠竹覆前庭青松夾曲道危石咽泉聲寒漪舞澗藻鳥啼當自喚花落無人掃開圃種仙术荷鋤薙春草時來會山翁談元恣幽討胸中無纖塵長如秋月皎世事非吾願惟有從所好日月有盈虛天地終枯槁冉冉老征途入山苦不早

蘭芎丹池　曹章

仙子乘鸞去丹池幸尚存摩崖尋古蹟荷鍤劚靈根石破通樵徑林深隱寺門江流還屈曲漁艇滿孤邨

被放歸廬臥病逾歲平陽天岳和尚以詩慰問并惠扇牘

答謝　　徐咸清

出岫雲無意投林鳥自歸何來華藏雨時拂薜蘿衣夢斷銀龍漏心隨錫鶴飛曼殊垂一問滿院藥苗肥

多病人疏至醫王不可量青來甘露灑風過木犀香白鳳飛燈下青蓮放枕傍夢中聞妙句讀罷覺身强

家大文林鴻兩弟同徵　　徐咸清

風急天高送雁音徵書同拜　帝恩深南州冠冕推徐穉東國人倫重郭林駒谷有人如白玉燕臺爲爾築黃金臨

軒若問年來事莫負家傳濟世心

贈孝子張德宏先生入祠　范嘉業

沈江負父屍曹娥孝如彼刺賊復父仇張公孝如此孝道無古今況復同桑梓堅此不忍心各爲父母死但加事竭力何知兵與水吁嗟乎孝子苦心苦行能若是廟既繪孝女祠應祀孝子

東山石壁精舍懷謝康樂　曹恒吉

山靜生古意游子暫息機煙霞日變幻魚鳥時因依雨過溪流急霽開雲影微樓臺縱杳冥芰荷猶芳菲惟有幽人

興所忻知者稀狂言發清妙昔人何所歸

雲間石贈王子懷 王生子懷母病扶持滌祓爲人所難藥不效禱神乞代卜乩曰君子肉雲間石可愈時冬十一月寒風徹骨夜半登蘭芎山巔尋葛仙翁丹井求所謂雲間石者迄不獲則焚香刲股投藥中事秘不傳母死子懷肉盡骨立左手痛墜不舉事稍稍聞父兄宗族交遊嘖嘖稱之 曹恒吉

公家樹頭百尺高烏生五六棲危巢老烏窮生雛反哺啞啞切切枝上號嗟哉異類尚如此顏氏烏傷標青史可以人而烏不如君今不愧青箱子青箱家世淮水長郤從濟陰學書倉問予竒字能有幾天姿皎潔淩冰霜參汾有祟公之母半載沉痾行黃土金縢夜夜北斗寒司命旣韙蒼

天聾黔洩蔡唾古人蹤子懷懷古欽高風泣淚淚冰僵且立介推刲股眞豪雄剸刀刺臂血狠籍三載收藏應化碧不救母病一須臾滿座聞之共太息君不見三石江頭一雙魚鬻冰求之有素書衝風帶霧深山裏雲間之石天下無

楊園懷古　楊園者宋駙馬都尉楊鎮之別墅也在上虞城西二十五里大坂橋東面山襟河臺榭杳然弗存矣平者爲田高者爲地又高者爲纍纍冢墓獨南北兩池尚在往時耕者常得古甆器甚多皆宋物也余按楊氏由寧后恩封其兄次山爲冀王次山子谷永寧王石魏王一門節鉞數傳又尚理宗女端孝公主於鎮一時之烜赫極焉獨鎮至宋敗二王走閩廣鎮提舉府事元兵追之鎮曰事急矣吾將就死於彼以緩追兵二王

得免雖彌崖顛沛止延旦夕而鎮之孤忠竭矣事載宋史不可泯也若之何由元而明越虞郡邑志中並無片言隻字以表闡四五百年之忠臣烈行豈不謬哉

曹恒吉

平蕪一望舊吳宮禁籞於今荊棘中音斷秦簫留夜月煙横魯館哭西風但知松柏千年綠不見鶯花滿地紅荒壁惟增新故鬼野人憑弔句難工

遊蘭芎山　曹恒吉

尋幽特到葛仙家寂寂枯梅半樹花濤捲寒風千尺雪晴開大海一天霞僧閒常借雲爲客丹去還餘水注茶作怪山鴉啼不住聲聲報道夕陽斜

自瀦湖再遊東山　范蘭

千山萬山一色秋振衣復作東山遊湖上白雲隨我發因風時過嶺西頭嶺西岡巒二十里叢棘摩肩高刺耳不辭射虎陣中行來聽東山石門水石門上下掛寒泉古樹夾道攢空烟欲鳴不鳴松風懸欲落不落松子連三謝祠前忽狂呌短衫禿鬢登西眺羣峰隔岸各回頭倚天聽我橫江嘯江上崩濤撼烟嶠江底鳴虯噴石竅此時此影臨江照可牧可耕還可釣欲釣秋波雲水哀昔年歌榭今經臺東山明月長如此南國佳人安在哉江湛湛山磊磊莫洗

風流下東海今古蒼生各有人謝公去後天仍在

題簡韓豐穀先生　范蘭

歲方暮東市囂塵日成務碧堂先生東市頭閉門自養梅花樹太平米值斛一千又逢　恩詔蠲明年先生擁書三萬軸不道花時無酒錢花時但得酒中趣此外何求復何慮坐看梅枝有雪無風霾賒酒吟花過年去

同趙獻可游步西南城登長者山　范蘭

歲暮當何事招邀得舊遊和歌粱父曲同上佛門樓井市依山合雲嵐傍水浮夕陽今古意耦坐一搔頭

寄送林子綏還閩　　范蘭

紫髯方頰碧襜襦三尺青萍一唾壺醉後漫歌元夜曲逢人好示小山圖（明嘉靖間閩有林公號小山者丞吾虞作閩越奇觀圖謝海門爲之序上虞元夜曲則子綏近作也）

題趙陳氏節卷（陳氏翰林木生公女）　　范蘭

嗟嗟陳氏鳳凰雛十六爲婦十五孤珊瑚之枕象牙簟從夫未焭早從姑出門夫死城頭血入門姑淚城頭月卻拜姑前不敢傷但言妾在姑何閼姑方爲母妾爲子姑有終年妾如始逝將白首同所歸誰道紅顏愁不死紅顏白首

黷無聲單鵠離鸞慘不驚意中自抱桓嫠義門內添傳孝婦名雁羣獨宿亦時有烏哺代慈貞不朽歲在敦牂海氛醜謝家烈婦死海口今之古人陳其偶君不見 聖朝近詔發幽光兩姝列傳應雙壽

賑饑　范蘭

浙東饑浙西官米來如馳饑民聞風集城郭三日候官官不樂秋租入公曾見粒爾輩嗷嗷解呼索太守救荒行縣來縣官賑發强徘徊吾民有詛亦有祝活我溝渠太守哉太守來何暮民歌太守縣官怒五馬翩翩去不息窮民視

米鷹何益

寄韓豐穀先生漢口　范蘭

先生將雛出吳越大江西上何超忽詩思橫披淮海雲劍光下照蛟龍窟天際來登黃鶴樓樓頭獨立吟清秋秋聲落烟度江水秋月搖波幾千里矯首青天無限情吳山蒼蒼越山紫客中愁因風起遠相思近何似朵朵白蘋鸚鵡洲爲余一弔禰處士

李郡侯惠政頌　唐徵熊

玉闕熊輿煥越州署烟晴拂鑑湖秋風清兩袖飄朱紱粟

賜千門偏綠疇問俗蘭亭舒錦繡衡文桂籍重名流高懸
秦鏡燃犀照惠及窮簷膏雨周

海隄行　徐東

於越由來稱澤國陂塘捍海分疆域日費黃金徒浩繁試
問何時波始伏賴有神功能治平不減當年乘橇權經營
盡善算無遺永圖不朽籌之熟累經奏績惠恩多仁人之
念猶未足吁嗟吾虞近海濱海波為患民情惑廬舍田疇
一望平顛連失所愁相哭臨流感歎淚奔騰溺猶已溺與
民役興役紛繁百計籌長策無如駕石頭豈料村墟一赴

海無從故道可尋由哀此人民都散漫蛟龍鼉鼊聚優游使非禹功還再世蕩蕩懷襄終古憂較之稽山鏡水之功更浩大開河治水應封侯憶昔非由隄不固悔卻當年因土誤我公慷慨善施謀叠石巍峩勝於故曾經設險遏其狂何異射潮平其怒儼若長城臨塞高以作中流浩瀚之砥柱鍊石由來可補天地中衝溢石可拒桃花春漲任茫茫秋濤滚滚能無懼恐住官衙隔路遥寍移室近曹娥渡一江相望可時通不使民役弛其務遲遲不入越王城朝虞暮越忘歸署數年於外不思家王事未終終不顧奇功

浩蕩河海清雖遭泛濫還平成豈止一時聊杜患永爲捍
衛無頽傾鑑水開湖始自漢湯公建閘起於明迄今追溯
前賢烈猶看遺蹟近蠡城未聞遠及娥江外勾虞百萬全
生靈功高惠普兼郡縣今古應推第一人入邑提封數千
里雜沓齊呼徧德聲豈僅父兮母兮如怙恃天長地久永
且深豈僅一時興歌頌直足流傳付殺青當今方重二千
石治河超拔無等級君不見爲國焦勞有幾人孰能如此
殫臣力旣經越國沛恩波四海蒼生並望澤况荷崇遷已
有年自此擢用還破格行看異數出非常前席應虚待宣

室

余初歸里兼山表兄招飲賦謝　丁鶴

草堂深鎖舊烟蘿掃徑相邀二仲過人望秦關添莽蒼客來燕市帶悲歌時同席王緒思四兄將游秦奇文共賞惟憂盡美酒頻傾不厭多只此一宵分聚散歸鴻去燕兩星河

傷海患　丁鶴

已亥之秋八月朔聞說吾鄉颶風作海潮逆入壞隄防居民大半塡溝壑不料今年又告災七月十八風潮惡撼嶽搖山動地來颶母陽侯相助虐東注滄溟十萬家廬舍田

圜盡漂泊不合生斯畫黿鄉滿路哭聲隨潮落我居在城幸獲免幾夜夢魂尙驚愕自亥至辰剛六年遭此凶祲抑何劇桑田滄海地無權木穰金饑天亦錯萬寶已爲白藏收千頃那得靑疇洄多少農人費苦辛又勞聖主求民瘼

姚虞海溢李郡守勘災請賑感而作歌　周士誥

蓬萊仙府蠡城裏卧龍山翠何逶邐天爲蒼生曜福星越國河山八百里玉皇珍重簡名郎入居畫省出刺史恩波徧及鑑湖光最是流膏渡舜水昔日姚虞災洪濛海立山

飛波濤紅百萬生靈歸瓠子何人更說稻秔豐夜哭秋原浮白骨晝看沈竈泣東風東風不解陽侯怒裂石穿巖如虓虎千山崩澌飛赤波鐵騎雲奔鬼嘷雨我公躑躅籲蒼冥巨靈驅策如神禹急槳排空沆漭消牒文河伯還塵土拮据脛股踏荒郊親爲躬黎開萬戶繪圖甫上錙今租設糜賑纊滌寒釜募米六萬賑未賒典盡貂裘飫二鬴往來餔餬姚虞閒誰人不更稱召杜君不見荊南許龍圖賑活饑民二萬五江亭風雪賑衣人天生佛子江州府我公焌律代天工紛紛余許焉足數生本始盜沐恩膏中心愛兮

長歌豪顧公行部搴襜幰畫鹿車旛映錦袍

東胡雲湖　　徐雲瑞

五癸之峯高且奇百雲之水清且碧山川秀傑鍾文明胡君蔚生聲籍籍十年磨厲殫精思十年涵養豐羽翼一朝獨對天子廷禮樂三千著奇策文章海內仰宗工人口翕然爭膾炙坐言直可起而行持檄畿南理煩劇傳車甫下狐鼠消蔀屋窮簷登衽席循聲竚聽達九重畫省蘭臺擬應辟慚余薄植列清華月影花香泠垣掖故人吝我尺素書隻字幾於同拱璧君不見陳雷管鮑舊時交此道豈應

讓古昔

余蒞任新安甫三月蒙憲恩以老病放歸邑中父老子弟不憚遠道赴省保留用意良厚以余迂拙無能又任事日淺民猶眷眷若此矧爲良有司久於其任者耶今將別去口占絕句聊以誌別　徐雲祥

雁飛不到是南關過盡千山更萬山卻喜山城纔斗大吏民無事長官閒

催科撫字兩無功保赤何能好惡同唯有與民休息意落花啼鳥訟庭空

小廉大法盡名賢愧我何勞食俸錢官舍如僧門似水并
忘薄責用蒲鞭
來時襆被一肩輕去日清風兩袖盈滿眼江山皆笑我祇
聞童僕暗吞聲
海塘歌呈太守俞公　錢必達
舊塘仡仡其崇如墉纘禹之緒繄惟我公丈午郵偏安昌
里下雞犬桑麻田園廬舍我公至止以恬以熙雨澤漉漉
復汜濩之天作滇池靈鍾陸涼篤生我公繼馬與湯嗟我
越人黿鼉與堵不有我公其何安處

新塘齒齒不雨何虹衮連夏蓋直鞏虞封保障七鄉綿亘百里塘有荷花村有鵲子去其疾苦予以安全芊芊沃壤晦晦原田荻葦魚鹽蚖螞蟶蛤白叟黃童惔其飽食穰穰利多滚滚無波億萬斯年永視此歌

雙烈詩 雙烈即謝陳氏陳金氏事見列女傳 謝鯨

滄海溢長隄決頭醜入悲雙烈身葬洪濤身自潔腕被賊捘腕可截流沙巖石都沾血至今傳誦堪嗚咽幽魂懷恨隄防失夢授郡侯乃奏績君不見海濱婦子倚長城身居平土絕無驚千秋青史永垂名學士文人作頌聲

俞郡守築上虞海塘成詩以紀之　　顧紹礐

一代大儒推明府程朱理學新聲吐扶輿清淑鍾滇南福星越得作公祖慈和寒谷徧回春鐵面冰心靖狐鼠複道頓開水底天隘巷康衢還舊處宮牆久圮行路悲廟貌創新換楹廡戒珠山上梨園場於今改作絃誦所越州士女風俗移斯文振起多翹楚恩威並著露霜時八邑胥歸公胞與更有吾虞荷花池百年潮汐無堅土萬家烟火半邱墟漸漸民舍無完宇慘矣五十八載秋一望桑田皆斥鹵長孺嵩目倍傷心大家小家均鍾釜隨籲大憲策遠模泥

堤石塘應時舉從無漏巵國帑糜勿亟子來自鼓舞僉謂尊貴莫如公勤瘁且不避寒暑精誠格帝海不波石岸亘橫高如許流亡今已去復還遠村近村徧禾黍惠澤漫道駕劉湯兼有南陽邵與杜俎豆世世抑何窮越水稽山壽千古

苦雨籲天歌　徐軾

四月五月雨不霽銀河直瀉滔天勢一望禾苗波中無農人荷笠俱隕溺馴至三伏尚霪霖何異旱魃肆虐癘造物胡乃助不仁昂價遏糴貧之利年荒穀貴豐年玉吁嗟逃

亡靡粒粟富者爾有餘貧者愈不足君不見纍纍倉庾盈
山阜孰閔啼饑給升斗又不見犖犖仰屋束雙手稱貸豪
門豪曰否懸知大造固好生數窮運轉天忽晴留與明年
沛甘霖便是徧地千黄金惻然籲帝心戰兢天其或者哀
愚氓

冬至日諸生上鳳鳴山祈夢賦此解之　陳邁黔

我夢苦未醒怪爾反求夢邯鄲枕上遊南柯穴裏鬨蕉鹿
空勞攘芻狗徒玩弄人生升與沉花落輕風送窮途别有
天何事猖狂慟春風自東來江河即解凍船行但聽帆馬

逸應須鞚禍福自己求吉凶生乎動姑盡今朝事兩眼無瞢瞢孔子夢周公東山不鳴鳳

施邑侯卸篆賦此贈别　陳國琳

歸舟攜鶴復攜琴雲樹蒼茫意轉深去路梅横一片水求時柑蔫滿盤金紅雲紫霧尊前句（明施槃會試留别詩有紅雲紫霧三千里之句）春燕秋鴻别後心從此溪光山色裏一番悵望一番吟

管溪咏　徐斯敏

白水丹山卓翠霞石龍溪鹿賦環沙兩朝甲第自千古四面亭臺總一家秋冷村村收芋栗春晴處處熟桑麻聲名

自昔推高士依舊文章蔚國華

送弟歸家　　　　徐來復

季方初下木蘭舟旋整行裝逐水流客舍自歌靑柳句鄉心又惹白雲愁勸君時舞斑斕彩愧我徒看補綴裘歸侍慈親燈下坐莫言遊子淚悠悠

曲陽署中寄大兄十絕之一　　　　徐來儀

舍內難遺考叔羹淚珠如雨不成聲開緘莫把眞情告忍使衰齡念遠行

檀燕仙踪　　　　徐自信

檀峰古秀競天台聞道仙翁醉一杯巖下月從雞喚起洞中花自鹿啣來紫簫夜半雲初散座石春陰雪未開千載遺踪人不見松聲十里鶴飛迴

清明日拜先嚴墓　趙昱

春露摧胸臆空山上冢情江逾兩險阻先壠在上虞渡錢塘百官柳記五清明先君歸葬已更五春老大淪鄉井酸辛只弟兄黃昏燈色暗風木起哀聲

贈張孝子玉川先生　諸葛江

帥行禮載之思則雅歌矣以孝繼孝難先生能濟美顧天

陳哀詞願身代父死父死不欲生形容爲之毁强起營父壙築土憑十指壙成廬其旁日夜啼不已一聲一口血哀哀動閭里先生之父純孝稱行誼卓卓垂靑史以今視昔昔猶今孝子之子仍孝子嗚呼天道昭昭皆若此

和嵩峰先生刻亡友周子石帆遺稿有感　鄭又鑰

半世癸荒耽曳裾有才無命復何如生前一識虞卿面死後重尋揚子居宿草悲看原上土故人情重篋中書如公交誼眞千古足挽頽風返太初

自梁湖至縣城　章嵩秀

梁湖一棹抵城中線纜遙牽傍晚風篷底閒看春色麗夕陽倒映酒帘紅

贈別東廬施公　周琳

昨宵曾讀漢書循吏傳一讀一拍情戀戀曉來披讀明公留別詩一字一淚長相思公來何暮去何速風行雷厲聲教肅累累案牘山之高一經剖晰無敢搖勝者固喜負亦服相戒慎勿修怨毒公庭草鞠家室盈豐安耕鑿士傳經公復勞民勸課士藹然相接如父子太息泮池滴水無雁齒歆側半荒蕪鳩工甃石使完好猶復歸功於父老公留別詩

有總是經營由父老之句公之謙抑又若斯經綸事事皆可師第一運河淺且狹爲閘翳壅勤畚插尤念舟楫不得通逆引潮汐實其中擬寫嘉猷勒金石幾回愧乏史公筆不如即舉漢家一二之名臣畢以擬公無不倫不見文翁治蜀首風雅絃誦之聲環里舍又不見馬臻開湖水利均至今遺澤猶如親孔奮脂膏肯自潤萊蕪塵甑民亦信蒲鞭示辱傳劉寬冬日之愛留袁安公也一身直兼備爲民謀鉅兼及細可惜敷政剛百旬遽爾相送江之濱江水浩浩流無極悠然遐想明公德入人深處泪痕多公竟渡兮可奈何

次韻和陳聲玉半隱草堂　　唐九臯

幽棲無事買山居半畝池塘一草廬垂釣敢煩明主夢杜門不上茂陵書好花隔水塵氛遠野鳥窺籬竹影疎樂處難憑摩詰畫新詩寫就竟何如

余壬寅下榻蘭臯書屋迄今丙寅廿五年矣時當春暮花意闌珊風光駘宕不知春之送人與抑人之送春與張味琴先生素交也七十之年君過其三僕亦將及之矣連宵風雨燭翦西牕一樽相對今昔之感何如也詩以志之　　朱亦棟

曾下蘭皐榻於今廿五年更逢垂老日又是送春天頭白
花俱笑眼靑鳥獨憐夜深燒短燭猶自語蟬聯
誰作鶯花主飄零又一年花飛無盡夜鶯喚奈何天牕外
芭蕉雨燈前甲子編故人把樽酒相對意茫然

棟鄂孺人哀詞　范衷

人生如寄同一死精英要使留人間石泐金寒名不滅凜
凜生氣超塵寰烈媍本鍾名門淑作配華閥詩禮媚偶因
遘命遭竒薄艮人積病軀尫羸手親劑和躬勞甚目不交
睫雙淚潜悲風六月雲黯黯折殘金釵判玉環之死靡佗

心如鐵重泉有路誰能扳誓將朱絲拚七尺整襟再拜神游閒側聞舅姑久敬事虔修榛栗和容顏問安不辭遠出塞追隨萬里相往還一朝捐軀赴大義卓爾名節高於山我感此事潛酸辛今無其人古亦艱柏舟詩歌最卓絕不數塗面與翦鬟嗟此雍容色不變寒空勁質窮追攀孤標千秋著貞烈遺風百世砭懦頑我公恪共勤夙夜勛名彝鼎輝朝班盛事一門冰玉皦重爲名教嚴防閑會須照耀彤管紀何論瑣細湘筠斑他年青史編烈女單詞隻義不可刪

虞趨行　　陳墀

大巫壓小巫世情亦類是咄哉夫婦愚好巫貪冥祉諂鬼及求仙不如佞佛耳手中提念珠合十若駢指焚香非省過懺拜皆可恥白鏹與黃標灰冷費萬紙昔聞聖王教神道用驅使春秋伏臘外社廟無淫祀而今習俗移奸民代祝史乃避耕讀功旋充僧道士其口則阿彌其心乃蛇豕衆嫗會一堂草疏錄姓氏齋食恣意啖受謝盈槖止效尤殆甚焉更誤佳子弟災祥惑妖書每緣巫蠱始循吏失嚴刑難將邪魄褫安得西門豹令彼入河死穆穆禹湖風湛

湛舜江水㵎悵慕前薇始盛本仁里新尹倘鳴琴絃歌賡
樂只

弔明處士許半圭先生故里　陳塏

娥水東城洗耳人飄聲落樹不知春一朝門館移荒徑千
載家園悵舊鄰星斗羅胸仙訣杳谿山運掌秘書湮瓣香
贖出陽明手風月蘿巖墓誌真

蓋湖打魚歌　陳塏

鎮帝山前荻花渚福祈山後蒹葭浦山後山前秋水流艇
子彎彎不知處漁家撒網兩槳飛小魚出水銀箭肥大魚

雙雙鱗六六載魚將媚漁婦歸歸來賣向擣碪女恨殺煙波斷尺素蓋山斜抵錢塘渡放妾騎魚逐波去

長者山　陳壆

古道不可作山猶長者名茲山亘古在松竹自風淸溪鳥尋仙館巖花落縣城寄言扶杖客重惜萬家情

寒食登曹氏塚　趙必培

晨起當暇日既雨喜新晴因游山麓下乘此天氣淸行行復行行傍見一古塋石獸蹲且卧石軒半已傾爲念卧者誰知非士與氓樵父具爲言曹氏之佳城前明爲大官御

史震威名炎炎隆其勢赫赫莫敢攖嗟哉今式微後嗣無足評華表雖留跡古塚眠狸鼪樵採常不禁牧豎還縱橫今當掃墓節誰翦棘與荆我觀塚邊碣俯仰感浮生又聞塚中人盛衰見枯榮浮生原如夢何分殤與彭彭殤且莫論榮枯又何爭

題鳳鳴山祠壁　胡如淲

雲峰千重溪千折峰迴溪盡見仙穴巨靈當年三石丸打破青山石壁裂裂縫中間飛白龍頷下驪珠流銀雪白龍來時丹鳳回青鸞成對巢山隈山隈夜濤晴亦雨倦游魂

魄驚勞苦縱有塵心亦洗除夢樓之名誤千古

大風舟過始𥁞　　葉封唐

寒雲吹散日光開灘急風高響似雷片席遠隨衆鳥去亂山飛向一舟來遥憐紅樹倚茅屋坐看青天泛酒杯客路年華同白水奔流到海幾曾回

大水　　葉封唐

帝命驅海海欲飛神龍嘘氣天低圍雷公怒擊天門鼓電光閃爍助厥威狂風吹山蛟啟蟄夜半忽乘雷雨出陡地摧折山頭樹劈空裂破崖間石驚濤湧雪看如此未知何

事差堪擬䩆于千軍逼漢闕天山萬騎摩唐壘馮夷踏浪
立如人跋扈鯨魚掉其尾剡中人家水滿屋釜內遊魚波
浪蹙昨日黃雲一片鋪正値郊原香稻熟而今汨沒同芳
杜水去天晴化作土田家傾淚助洪流未必江神識此苦
江邊邨落最堪憐廬舍飄如失纜船幾家八口波濤死髑
髏帶血沉深淵或留白髮一老父或留總角幾兒女傷心
骨肉竟何在身雖幸存命如縷爭言此水天之變百歲老
翁亦未見洒酣我欲賦此詩寒浪高低生鐵硯

遊蘭芎山　　王　煦

朝發始寍渠儀舟蘭芎麓翹翹上徬輿一肩兩竿竹迤邐
抵山要平曠豁遊目須臾入岑崟蘭若半天矗祇園十百
區吽吒遙相續跏趺虎聽經團墮魚呼粥異花發嫣紅好
鳥唬濃綠昔聞葛仙翁鍊丹結茆屋劈石采紫英汲泉煮
黃獨四面栽幽蘭頓成萬香谷嗟予生桑梓甯寐企芳躅
爐火既已寒井泉又已漉美人去不還芳草空芬馥幸有
董香光遺碑尚可讀

遊金罍山

王煦

炎運百六交陽九旣水滅火赤符剖奄寺內訌黨錮興李

杜當先范滂後伯陽魏子生不辰委身去害與鬼鄰會稽
東南大都會上虞況復多偉人金罍之山小如礪行勝乍
憇蓬門閉搖頭瞑目手口疲冥心自著參同契書成未許
肉眼看日月爲易傳史篇當時但作秘書讀誰識書中是
大丹鍊丹須鍊火與水先生鍊在幗幭紙早知雞犬可升
天悔煞蚩蚩兩弟子

予於四年十二月罷職迄今越四月矣因交代未清尚爾
留滯憂從中來不可救止舟泊東莞渡口偶成四絕以
寄同志　錄二　　王鳳翙

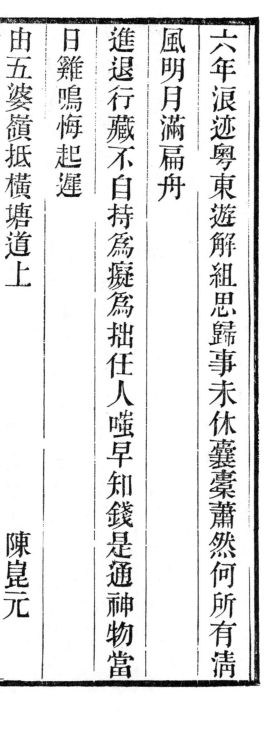

六年浪迹粤東遊解組思歸事未休囊橐蕭然何所有清風明月滿扁舟

進退行藏不自持爲癡爲拙任人嗤早知錢是通神物當日雞鳴悔起遲

由五婆嶺抵横塘道上　　陳崑元

曉離始寧城四望天不雨青翠圍前巒紅日纔半樹盤曲萬松間陰霾似欲暮新蟬上下鳴溪水東西注石逕臥虬龍祟岡插煙霧嶺上有小亭籃輿爲暫駐老僧殊多情汲泉烹日鑄瀉入冰甌中瑩然絕塵污弗諮姓與名殷勤奉

寒素迤邐過小橋髣髴見平路入山映朝暾出山已亭午白雲良可怡臨去幾回顧

送錢甥西來騋選拔北上　吴啟焞

北望水迢迢行人折柳條杏花寒食路春雨廣陵潮帆影隨雲合鄉山入夢遥渭城歌未闋魂已黯然消

甥舅兼師弟情同骨肉親離亭欲分手別淚共沾巾餞子無他贈長言爲爾陳京華冠蓋滿白眼莫看人

心迹化畦町文章奉典型張華堪作主劉向好傳經縞紵通情素江山助性靈北行詩一卷計日發新硎

獻賦上燕臺天門詄蕩開新鶯刷毛羽芳樹選蓬萊自愛千金體難量八斗才他年逢驛使遥寄隴頭梅

過丁宅街　葛鳳祺

聚族勢相連熙熙别有天板橋低貼水茅舍濕含煙近市多籬落沿溪盡石田此中風最古黄髮樂怡然

鳳鳴山觀瀑布作　何震

夜出城東門村犬吠村路隱約閃紅燈微茫見芳樹山徑既陡峭足履添驚懼攀藤坐莓苔古廟藩籬固焚香禱夢神初日照芒屩上有最高峰仙人墨點註大書鳳鳴山三

字神呵護飄渺若飛霞筆力如鎔鑄雨洗與風磨精光更迸露繞峰西南折巨石忽傾仆飛出兩白龍直挂千尺有鶴舞雜鴻翔變幻在指顧天女下冰簾偶觸水靈怒隨手散珠璣呼叱生雲霧五里十里風訇砰相奔赴青鸞引吭來時在溪邊住大鳴則大應和聲協韶護

送鄒百泉少尉歸無錫　　何震

託庇十餘年官舍常剪燭一盞甕頭春侍坐領清馥仙吏冰雪胸操守比金玉息事而盜人虞民多受福公餘寄丹青下筆超凡俗工緻敵十州鮮麗埒正叔忽厭山川縣三

逕思松菊尺素到柴門言欲歸邦族開緘動離情肺腸時
轆轆何以留輕帆惆悵江波綠所幸路非遥匝月可往復
來歲春風吹桃花雲奔速買棹訪康居名畫重展讀

壬子暮春長安返里初夏復奉　嚴命入都辦理鹺務征
途有感　何錞
乍歸疑似夢復客陡然驚世路無期別遄車不住行涼風
千里樹離思兩人情回首家偏遠長安一月程

節烈婦謝陳氏　王登階
娥江水清清見底水激江潭石齒齒蓋山山色青童童萬

株松竹撑清空謝家有婦貞且淑骨立冰霜心似玉潤有
香芹園有菽上事姑嫜貧亦足郎君暮歸守蠹魚紡絍得
錢還買書郎君朝出催征馬十年漂落燕京下聞道良人
化鶴歸靡笄山頭月已寡可憐繞膝兒呱呱離魂怨魄撫
諸孤夜夜饑腸鳴欲絕閉門猶謝黔敖呼一朝海寇横肆
虜罵聲不絕抗刀斧直是南州南八兒世上古來無此女
紅顏一赴波湯湯繞指柔爲百鍊鋼胥濤壁立馮夷怒想
見貞靈此中聚夢中籌略建鹽堤海上人家安斥鹵當年
峻節狂瀾砥志士浩歌頑儒勵歿後功鑴道上碑煒煌祀

典千秋垂懷淸不讓曹娥廟頌德還如夏后祠遥望蓋山
令人慕麥飯雞豚陳廊廡白鳥翩翩何處來飛來只在冬
貞樹冬貞樹柯森森鳥聲慷慨鳴空林一聲一聲無古今
傳與民間女子心
節烈婦陳金氏　王登階
虞鄉金氏女志與青天期出爲冀缺婦入爲鮑宣妻秋風
吹蘭心寒月照蕙質里中狎少年不敢闚其室井臼躬自
操饁餉良人耕布衣古時妝古釵髩邊横談屑資閨訓節
義慷以慨學爲曹大家時哂延年妹譬諸太素弦譜以皇

炎詞一彈一淸越其風人可師狠烽沸海盪玉石焚昆山烈婦誓斷臂頸血汚紅顏箠來一以威婦聲一以怒剚刃目不逃乃是丈夫婦魂魄委黃土弱質何骯髒化作英風飛來往蓋山上蓋山終不類女心終不移木魅夜夜嘷魂歸無處依土人緬塘工配祀夫人廟一首功德文崢嶸光海徼行客多唏噓徘徊石廊下大節亘人寰何論粉黛假能詩星梯子作歌淩蒼穹錄之於文獻揚之爲國風

譚郁婦絕命辭 頻年水旱人失其所此婦蓋從其夫乞食江上義不忍辱而以死自決者也嗟乎臨利害決去就乃能明白無疑若此士君子處無可如何之時依阿澳涊苟以自全視此婦何如耶惜傳之者不

能詳其姓氏也

王登墉

朝發九龍山夕抵浦陽瀨人生有苦樂偃蹇斯爲最天道有沴祥適與厄運會亦能安困頓復此事顛沛百年終別離所悲非老大與君始結辮及此已三載感君意纏綿生死相負戴君幸獲朝餐以餘還分餽白骨沙礫埸往往勞寤寐中道見棄捐沈痛空自懟念君正少年時清尙可逮征途重黽勉側足愁失墜而妾竟何爲蒙耻苟求媚十年深自藏邂逅適謦欬冠蓋交馳間刎乃非吾類生無補於君徒以重君累舜江日滔滔中有英皇淚是君還鄉路是

妾委身地自古重名義去去復何言君但歸湖西不負平
生恩臨江酹卮酒可以致精魂死者如有知從君下譚郁

傷逝寄笠雲　王登墉

憶子初束髮雄長兒童隊十五通經史交結間當代城西
淡和居諸子互酬對長者誰見收寥寥四五輩培元吾兄
行丁駿時復蒙忠誨春風爲其容披拂皆可愛繡羽賢主人
陳鳳翽亦自見梗概狡獪雜詼諧精悍多姿態此皆一時秀
宜以充游倅黌序固吾輩前後看釋菜謂扶雲路升我紱
子且佩十年交契闊生死如嬗代南登上舍嶺培元竟安

在歌詩招爾魂青山晝如晦東下七里灘灘勢日澹澍繡羽倘有知何處通謦欬逝者長已矣生者猶憒憒未能撫其孤貧賤自感慨顧惟胡笠雲昆季相負戴然亦走燕山引頷同海内致書與笠雲强飯慎無懟剛鋒易摧折渾璞多破碎生平聚首事一往不可再

夏蓋山高廟　王登墉

帝子何年下玉京幢幡羽葢駐蓬瀛鯨驚霜夜鐘能應鼉駕風濤鼓欲鳴地有靈蹤雙闕近我來絕頂一身輕靚妝炫飾春遊女也復皈依到上清

遊覆卮山懷王龜齡先生　王登墉

乾坤莽莽淩丹邱幾處曾無足跡留山水嘉陵七百里畫圖道子成千秋書成副本供齋壁日與名山坐臥遊聞道仙人王子晉身騎元鶴下台州天台四萬八千丈磊落南偏横一障五界遥從嶺外分四明近與雲中向烏坑直下覆卮山峰矗稜稜不相讓琢出離奇似鬼工排成肅穆如天仗廬山倒掛三石梁閬苑横鋪九霞幛太嶽寺前草樹深懸巖谷口人烟曠宜有幽人向此中結茅林下自高尚夜深獨聽老龍吟朝起常看孤鶴放時尋鳥道盤虛空直

至天台華頂上華頂仙人不可遇側足乾坤問歸路洞天
西望赤城霞石室東臨白水渡桃花片片隨流水水到花
源知幾步不見當年采藥人惟見白雲自來去白雲隱覆
龍眠石曾是前賢覆卮處前有康樂後龜齡當日賓朋回
一顧龜齡老去使人思憶昔彤廷抗疏時首論史龍歸講
授名傳太學五言詩況從幕府親民事咫尺蓬萊望外奇
越中風俗留三賦獨向簷前覆一卮我來憑弔昔遊地石
上莓苔牽薜荔一代名賢蹟千載而今無處尋碑記由來
南渡多荒署何況深山人一憩空作千秋亭上呼山靈何

與癡人事

淫雨歎　王登墉

始寍當山水之衝面百樓而後瀝海舜江帶其西四明拱其東山如蠶叢一起一伏或隱或顯廬舍阡陌左右迴環運河以北則大小查阜李白馬上妃夏蓋諸湖運河以南則浦陽江太平溪建隆之水支分派衍縱橫出沒於其間高不過陵阜故自嶀浦而東下者瞬息之間迅流滿川谷下不過陂池故衆水蔽江而出土堰春水間至則一瀉無餘旱亦可憂潦亦可憂居此鄉者其亦

僨矣乃若吉公惠之中夾埭楊公棟之溜水石壩高公之蕙之高逸壩胡公思伸之新安閘羅公子眞之捍海石塘度其利害之所在而洩之而防之而導之至今民以爲便焉資成事以補苴其闕庶有望於後之君子乎顧其末易爲力者有二焉一地利之不達也一人工之不豫也水之性趨下而善湍喜深而横出以力障之適足以當其衝水不能勝必且多引衆流以横決於一隄是與我爲敵也或既覩其怒騁矣又各自爲分洩之則必乘其所棄之地而漫漶於支流是我授以隙也故勢

盛則當以合爲分而洩其趨於澤中勢殺則當以分爲合而導其瀦於下隰邑以東南之水皆自萬山中挾雨而奔注於溪又無廣川平原爲之巨壑其勢不可禦故或沃土而委爲沙礫或峻岸而潰爲重淵民愚無知徒熟視而莫可誰何一二强有力者又不過自爲隄岸以幸固於一隅所以千瘡百孔時則沃如焦釜者也不知水之順而下也有激則匯愈匯而愈激則隄岸爲無力矣夫有所匯於東必有所阻於西吾刷其阻於西者則東潰之勢平吾乃漸可以施吾力矣衆流所趨莫如棄

地而亦非徒棄也兩山之間必有川百川之合即爲澤
吾聚其流以歸之則水得其所吾亦無庸資左阡右陌
以爲壑矣然亦有其所以潰敗之故焉環山之水視乎
溪平田之水視乎湖迅流搏擊沙石則溪之隘口必壅
隘口壅則其勢易淫沙石横鋪則溪之平流必淺平流
淺則其勢易竭至於湖之爲瀦爲瀉因地之勢功不勞
而自理據之者宜可以無勿利矣乃或利其肥沃以爲
田或貪其水草以爲畜獨阜李十五里間有黄直如之
爭有康熙十年之禁幸得保其利於一鄉耳其自西溪

白馬漳汀大小查之間凡名存而實亡者多矣若由運河而西遶出於夏蓋湖之東則又或窪而或揚窪則宜於多溝渠以防其溢揚則宜於廣隄堰以防其涸內有所導於湖外有所宿於海非遇大旱潦即不至於竭澤而浸淫然百年之內資以啟閉者僅一綫之流昔之九墩十二山皆在湖中今則求所謂三十六溝而已不可得矣況乎司水之責不任諸鄉老而任諸都長則巡視難周追其敝也并不任諸都長而任諸巡司則亦科費而已耳包荒而已耳又誰能以他人之肥瘠爲己之疾

苦哉此湖之所由終廢也余東鄙之人也於東南之水患尤悉己酉仲夏館於芙蓉峰下嘗著長歌以紀其事爾時猶十日之霖耳今則正歲以來雨暘之不節殆五閱月試登西山以望大涇諸阪叢林廬舍之間莽如巨浸誠不知斯民之所粒食矣

長夏如秋氣蕭瑟湖干一卧三十日日憑戶牖賛浮槎咫尺雲峰擁書帙三日爲霖更三月自春徂夏天猶溢從來瘠土無豐年况更川原恣蕩潏我爲蒼生慮昏墊未可河魚重腹疾自割始𥁕蕃西鄙浦陽下與海爲一怒潮往往

兼新漲汎濫百川無紀律由西而南勢愈窄萬山澙瀑齊
侵軼百年水道俱非舊指畫固宜謀永逸二三賢令功不
朽後者朱胡前者吉吉公名惠成化中邑令修築查湖中夾埭朱公名維藩萬歷中邑令修復西溪諸湖胡公名思伸萬歷中邑令復玉帶渠置巽水新安等閘鴻規錯列如星宿疇其
繼之稱善述徒令補苴當叢鋳垛石犁沙恃權術白壤塗
泥墳埴壚賫蘊藷芋稻粱秫高原下土穀三種人力已殫
慮未畢大抵山田火種遲沍陰凝固還難茁春深好雨未
知時六月不堪寒凛慄聞道頻年足陰雨氣非寵兆無由
騰地租雖有輸官倉採買常平米石强半糠秕雜餘節茅檐況復

竈沈畫隴畝惟餘舟挽縴尾北動搖連太白五行休咎誰持筆坐使元駒有戶封行看白眚非時黜百樓以東稍安衍東流直下終淫泆姚江曲曲遶溪流潮帶迴溪潛不出上妃白馬亦東流孔堰不知螳有埡不因壘石峻爲防豈得佃田密如櫛鵝兒斗下穰草間兩湖東西各儔匹湖西勢屈向湖東不識柴塘疎與密先是湖隄十八溝百五里間如堊壘唐宋元明共經紀條除私墾最精悉當事不知持遠畧高洲遽以坍田萃安得司農與清丈勅使奸民皆手實小穴石隄猶故址時無啟閉難窮詰重利徒能樹木

棉餓夫眼底何由卹雨餘常使朽根株一稃秋深誰刈銍蕎鉏早出問田原被體蒙茸刺沙蝨我聞久雨粟爲蠹戴笠虛勞循柱礎人事悠悠吾不知彼蒼或自能心怵械除罌蝀禱天壇吐露紅緞成麗質坐聽簷花似瀑金神魂黯黯驚相失

五月二十日四明江口紀水　王登墉

四明噴薄連三郡高家疑有神工運兩崖夾東青天流筆竹嶺西始一奮隱轔鬱律勢不同上流詰屈下窪隆右陌左阡交蠶叢支流百道會奔潨洪波巨浸浮冥濛是時般

雷鳴地中鷗鵜起舞馮夷宮白沙捲霧天晝晦海水欲立
不能東三洨港口潮逆入龍魚曼衍來乘風涇霂十日漫
平陸野爨無煙郊無牧田夫相對但長吁虞向祝融覩致
祝六龍何時駕海來敕使雨工勢盡壓古閘淬洞今何如
橧巢營窟豈人居邈哉微禹吾其魚導江不下舜江北無
乃水經注已疎擬從父老訪水利別撰虞東河渠書

雙筍石　陳廷謨

咄咄巨靈曾斯斧雙筍危削峙終古拔地摩空千尺強道
是龍孫新出土懸懸矗矗干青霄砥柱中流一望遙象洞

右夾左師崖俯瞰羣峰氣甚驍作箭付錢鏐射郤陽侯走作鞭付秦王鞭策衆山後願作段公笏擊碎賊臣首願作公子劒慷慨贈心友君何不出沛與梁君何不入蘇與杭奇蹟半留豪客履賞音或遇米顛狂愛君王花自戚滴滴空翠落澗碧陶君丹成已仙去白雲未老松與柏蘄然剛挺蛟龍戰鬼神呵護憑誰炫釣水之翁去未來何如牧童樵叟常相見

錢孝女 孝女明經錢君彀之女生有至性母病刲股療之不效母卒女一慟而絶 趙琴

人事宜自竭天道本難知孰是膏肓疾而云尚可爲刲股

昔言有世士類相欺譬日入虞淵曷有返照時哀哉錢氏
女懷此顛不疑有母困牀褥計窮無復之夢已徵一一豎謁
不下三醫無母我何恃愁鎖白結眉是日天氣佳宵月皓
庭幃瓣香告穹蒼霜刃手自持儂母能無恙刲膚儂不辭
願以柔脆質救母命垂危鬼伯勿迫促明神實鑒茲呼天
天不聞淚下等綆縻昨日奄奄息不絕已如絲今夕復何
夕喘若竹筒吹阿母艮不支儂後更依誰逝將從母去形
影兩相隨果爾從所願萱摧蘭亦萎鬱鬱慈母墳巍巍孝
女碑山川有崩竭斯碑無轉移人生寄一世上壽極期頤

孰若婉孌者芳名萬古垂不以生堪戀而謂親可遺不因名堪羨而曰體可虧至行根至性當理心無私我欲倩彤管撰爲幼婦詞編之二娥間以爲後世師

敬題業師賈渭竽夫子遺像　趙琴

人皆歷亨途夫子獨迍邅修德必獲報斯言豈其然孝友家之政俗學多棄旃縱能耕藝圃誰復耨情田懿矣常棣什傷哉蓼莪篇必維兼身體夫子其有焉學深養愈邃入盡自見天醇意發高文綏轡及前賢在唐韓吏部在漢班孟堅在宋歐陽子在明歸震川太白生花管張鷟萬選錢

如何懷瑰異兀自守青氈角堪折五鹿堂不兆三鱣況自
書升後遭遇更顛連不喪子夏明鯉也泣漣漣非樂素心
人南村居屢遷今又騎鯨去七十欠三年顧茲遺容在追
維屬纘前春風時雨化孰不荷陶甄琴年十五時文義病
拘牽未曾窺學海那復解泝沿自從立雪還爲我達言泉
因委而溯源一一示眞詮又云文藝末儒以器識先一行
愆諸已腹笥徒便便譬之器玷缺欲補無由緣自維頑鈍
質斗山不棄捐終當賜之教函丈承周旋一朝修文去不
得少留延茫茫世間事變幻若雲烟蓷乾深谷中苓采首

陽巔荃蕙變爲茅鴆也盡化鷗人心何險巇蜀道尙平平念此煩鬱悶痛若膏火煎安得起哲人寫我心悁悁

三忠祠　錄一　趙琴

西園遺址杳無傳南渡綱常孰任肩大勢將傾風捲籜精忠不泯月當天山河破碎非甌固身世飄零敢瓦全一去首陽人罕識至今靑史有遺編坡坦俱入縣志而舊志艮埈獨缺新志埈訛作俊

陳貞女陳子偉衡之女王氏世淸室也　王望霖

陳氏有貞女立志如冰鐵許字王家郎未婚終守節事姑事太姑與母無所別太姑忽染病女心甚淒切生則女代

孫死復力爲竭從茲病亦深歸寍成永訣年雖二十春身亡非天折毋謂天不佑天實惜貞潔芳名千載傳奚必碌耆耋都哉陳氏女王郎遂同穴他年墓誌銘名埒邯鄲碣

秋晚渡娥江遇潮　王望霖

隔岸疎林落塞鴻扁舟幾渡夕陽中斷霞入水紅成錦高浪掀天白貫虹噴出波心千尺雪吹開雨腳一帆風此江終古名難滅廟食靈胥未許同

袁孝子翊元曹孝子二鳳暨錢孝女十一姑三人皆以救母死於火　王望霖

焦頭爛額無人形母死蠕蠕聞哀鳴踉蹌血性冐烈火三
人相繼成賢名孝子一死長已矣巾幗猶知性命輕

悼阮烈婦顧氏　賈鼎

皎皎牛女星千古成嘉耦結髮字君身相期至白首吁嗟
命何衰中道喪其友未卽從君去緣君有阿毋撤我耳邊
環脫我佩中玖但願姑加餐敢惜身所有姑也旣云亡妾
身爲誰守誰將冬嶺松認作章臺柳一朝沈痛死完璧眞
無咎夜月逗空牀寒風吹破牖寄語鬚眉人貞心能似否

卸篆羅定留別士民　何玉池

牧養銜虛領一州雪泥鴻印兩年留代庖味恐乖羣口共
檝身慚處上游昏夜無欺珍治譜絃歌有化讓清流膏腴
自信曾忘潤瀧水分明鑒素修
誤誇聽斷告爭多勸導時期勝讙訶火撲要虞薪在抱兔
爰還苦雉罹羅空中樓閣營原巧意外身家計莫訛不是
子矜偏愛惜視令枳棘盡菁莪
選材絡繹使車行僻壤新恢瑣院清聯袂觀光酬爾志聚
沙羣力慰余誠藤花香自憑心賞柳汁彈應聽指聲吏本
風塵少文字皇華叨借一言許

辦事非難了事難手將塵牘理叢殘誠孚但覺民情厚譽重方知我責寬宵柝聲連奸宄戢秋禾豐早里閭歡臨歧父老宜相送來日囊裝去細看

送王驪六東湖二表兄北上　魏斌

二陸才高信不虛共游京闕樂何如及時會射賢良策待命無勞宰相書金殿明珠懸掌握玉堂爽氣在衣裾聯翩拭目春官榜走馬長安四月初

遊福祈山嘉福寺遇善定上人　顧玘

昔年聞說山中寺寺在山中人不知今年始到山上來天

風颯颯向我吹老僧一見便延入說是當年曾面覿白藕花中君讀書青蘿石上君抝笛予亦茫然發長歎十年不見鬢眉斑師何舍卻東林住我亦長離明月灣麥麵清茶留客久客謝山僧背山走須臾白點灑空來朔風冷雲嚥滿口蹀躞芒鞵奔下山回頭不見松雲關惟有鐘聲不我舍一路送到船頭還

遊蘿巖山　陳頴

山自雁宕起有若奔蒼龍一龍特兀傲躍入虞江東據此不肯走萬古撐秋空百樓避其勢五癸遜其雄何論執巾

巘窈窕玉女峰石骨萬仞立嘻笑出鬼工雲氣覆其頂上與天門通久絕俗子跡但遺仙人蹤狂歌拉同輩直上開濛鴻微徑穿鳥道險路問猿公性命幾萬擲奇怪非一逢捫蘿陟其巔驚極俱失容羣峰遶足立朵朵青芙蓉海水孰云大量之難百鍾所惡扶桑枝吹面來寒風人生寄一世奄忽若秋蟲曠觀萬物外達意羞雷同安得鶩八句來此問蒼穹

鍾孝女詩　徐迪惠

娥江舜井古虞封清淑門庭孝義鍾有明憲紀養中公方

領矩步世堪風吾徐先進忠孝宗濤芬歌咏表芳蹤至行今傳鍾女弱女年孱弱未成童上有嚴君初齋翁肇牵遠服孝養豐無何積疾關鬲壅二豎膏肓不可攻尾閭禁過藥難通命在垂危一線中和緩束手巫術窮女伺涕泣悲填胸恍惚若夢天牖衷救苦力竭逐臭傭愛親不惡腥與紅屏氣鯨吸江水空忽然錮疾奏奇功絶復蘇兮體漸充季女芳名播管彤翁今週甲覽揆逢女酌霞漿樂意融一腔熱性感蒼穹從此椿萱眉壽崇寄語鄙夫甘吮癰辱身舐痔如玩蒙等茹荼苦分汚隆割股剖肝芳烈同猗歟季

女永譽終祥雲錦護百樓峰百樓峰在鍾孝義門對面

張公義僕　謝聘

難得臣忠僕亦忠身先衛主殄沙蟲夕陽風偃城頭草想
見當年血濺紅

紀星　宋璇

皇帝十八載七月之初吉濛汜日纏黃異星西北揭隱隱
殘霞間狀類彗與孛乍見光猶微俄看亘天赤黃髮罕見
聞其占詎可必叨逢唐虞世　君相賢且哲遇災修救加
天意庶潛格

潘陡歌　　宋　璇

四圍青山成幽谷百竈團團蔭喬木辛一老祖荒其疆秀者務讀愿者牧渠流遶帶通阜湖湖山倒涵光的綠每當小滿芒種時桑柘滿園啼布穀男子綠野移秧馬豔陽汗發常赤足女子空廊鳴繅車匹練挂墻如琚玉好將杯酒話桑麻無復空廂悲杼柚燈火羣兒課讀書書聲朗朗出茅屋中有逸叟坐横琴琴音嘹喨散青竹持我詩滿村讀桃源圖如在目君不聞天陰雨濕有鳥徹旦鳴還願各家勤匍匐

答友人書　宋璇

白鶴啣素書飛來墮江干書中有錦字讀之再三嘆相思不相見把臂何時歡朝望煙水埏暮望碧雲端牽我樵風舟拂我華山冠君有秋菊英欲往同之餐風高道阻長中路以盤桓

過觀瀾堂　宋璇

偶攜雙屐訪蒹葭雞犬無聲鳥不譁滿塢白雲樵子路半溪疎柳釣翁家雨驚詩夢來蕉葉風送書聲出藕花坐久渾忘身去住主人擎到一甌茶

劉生繼晨示其先忠公手草曾南豐謚議卷中海嶼胡君跋謂行年四十九得見爲幸予今六十七矣不更大幸邪敬成七古一章附諸鉅公後時咸豐辛酉春三月二十八日也

許正綬

維宋大儒曾南豐後議謚者劉考功一卷中有兩人傑曾曰文定劉曰忠易名勵世推鉅典苟非其人勿與選拘於資格故事行詞旨謬悠識力淺我公風骨素崚嶒純實不欺帝命承屢陳時政排時宰如朱絲繩玉壺冰此事太常稿先出朝廷覆覈綜名實公時供職在郎官何幸小臣得

秉筆文章正統矢昌言韓歐屹然龍門尊李蘇並深知遇感佈擘亦邀優獎恩胡爲獨抱遺珠歎得毋官小嗟閒散盱江八士貢口碑南豐歿後百六十年盱江諸生請謚於朝一再闡揚尤侃侃我聞朱子盛稱曾公賢又聞與公爲同年案朱子紹興戊辰進士先劉公登第七十年安得爲同年若指南豐則時代愈遠句疑誤正氣扶持善類應猶可支撐半壁天紫陽僞學禁勿用召公入臺頗鄭重權奸毒手人云亡煌煌奏疏留傳誦是篇醇厚似韓歐書法亦與曾公伴盍付手民摹上石爭坐位帖共千秋羣公題跋皆偉迹名埒青雲光簡策勖哉劉氏賢子孫瓣香永奉先公澤

讀倪文貞公集　許正綬

粤姚王文成粤虞倪文貞兩地兩人傑輝映先後名崇禎遘陽九流筴勢縱横卜相四十六迄無補虛盈召公司計時白骨起餘生慷慨陳三策力疾苦支撑一木雖瑰特安救大厦傾涇渭雜清濁青蠅擾營營烽火秦晉來千里無全城死也吾其分虞淵同日驚設此艱危業持付子陽明未審濟不濟思古發幽情

在袁浦聞羅近齋師訃音　許正綬

豫章自昔紹家聲蘭菊馨含繞砌迎重望人欽郭有道傳

經我愧鄭康成定評不待蓋棺日嚮哭還虛築室情豈謂臨歧謀一面人間從此了師生

趙質堂師遺安草堂吟稿題辭　許正綬

耐得青氈到白頭雅人深致浸沈浮饑拋骨肉三生恨飽看江山一筆收陸賈歸裝仍載石杜陵吟句總悲秋饒他風月翻花樣那識人間如許愁

游蘿巖山　俞廷颺

蘿巖佳氣鬱青蒼杖策登臨興欲狂巉石簪花攔客路斷雲拖雨入僧房目窮滄海無邊際手摘星辰列上方到此

胸襟都豁達紅塵堪笑世人忙

丙午紀旱　車林

前年霖潦去年螟螣今年又甚十旬不雨祝融肆威火熾高樹如惔如焚蒸鑠區宇夜占明河東牛西女月紅于燒豕蹢何許雲氣或騰雷聲復怒扶搖旋起霾翳倏去下民望殷莫敢盜處靡望不走靡神不舉鼓坎坎擊巫蹲蹲舞女魃裸奔土龍傴俯自夏徂秋屢更物序蘊隆蟲蟲則不可沮枯涸川流燋卷林莽暍鳥口開喘龙舌吐津斷征帆道稀行旅汲泉爭井求漿閉戶處我父老饑我禾黍昔也

綠野今也赤土比歲不登備罹凶菑寮官急公視若無覩供奉心勞徵求力努縛民如雞縱吏爲虎晝囂里門夜突環堵號吪徧聞瘡痏誰撫聚其焦愁結此毒暑治平之世風雨十五和氣致祥應猶桴鼓暴厎誠非韈石奚補請烹宏羊請磔碩鼠

舟至東山謁謝文靖公祠感賦　　車林

亭彝猶未落羈遊百慮牽揚帆過遠浦攜屐上層巓葱鬱石門樹淙潺薇洞泉山因謝公著地與剡谿連故宅更僧舍遺祠傍墓田綠蘿縈敗瓦烏鵲噪殘筵昔者馬浮渡寇

來符阿堅都人憂左衽江水斷投鞭氐衆將百萬王師纔八千三靈疑改卜半壁賴安全棋向官僚賭幟看兒輩搴沙蟲秦壘幕風鶴晉戈鋋況以　皇圖廣兼之武德虔西方俄蠢爾南國竟騷然處處喧飛檄家家避控弦閭閻懸耒耜府庫罄金錢骸骨白横野旗旌紅蔽天蔓延及四省蓼擾歷三年安得中朝將能如太傅賢臨軒授斧鉞制閫建旆旃江左軍鋒次春明露版傳梗車粉螳臂搗穴蕩蛟涎　宵旰勤俱釋蒼黎病頓痊四郊增氣象萬里絕風烟遲暮才難盡淪飄力未懲沙堪運籌劃石好紀勳鐫時事

終如此我懷誰與宣谿毛再拜薦攬涕掉歸船

送范副戎解職歸吳興　車　林

勾餘山下陣如雲誓掃兵氛答　聖君今日　中朝和議定不勞汗馬策奇勲

苕溪歸與白鷗羣把袂臨歧日欲曛應向錢塘江上過爲余一弔岳將軍

讀伯祖鳳坡公傳自注公諱任重明萬歷中官黃州經歷事見明史　車　林

神宗晚節太頽唐礦稅紛紛擾萬方誰道微官能報國撑將鐵骨觸貂璫

西垣拜杖血淋浪冤氣應飛六月霜爲國爲民擄掠斃大
荒披髮訴高皇

烈婦謝陳氏　　謝采

氏姚邑鸚山陳祿山女從侄鈔配也結褵兩月鈔往粵
東河源縣少尉任紹郡旋爲賊陷氏幸鄉居無恙壬戌
九月訛傳賊已退氏急買棹省親舟抵鸚山湖忽遇賊
至恐被汚即偕僕婦陳張氏赴水死焉
古來有忠臣身殉國難血流碧古來有烈女身蹈白刃心
常赤紛紛塵世千百輩誰守綱常無差失卓哉陳家一介

女貞心可與天地白陳女生長在鷚山幼嫻閨訓常尋繹笄年嫁得謝家郎賢婦聲名稱籍籍爭奈夫婿宦河源檄書一下行期迫束裝匆匆往粤東結褵與別僅兩月家務紛繁任一身更無姊妹與叔伯馨夕饍兮潔晨羞奉侍翁姑甚力竭俄聞姚江息妖氛逝將省親返故宅扁舟一棹抵鷚山翩翩旗旌突遇賊賊來豈無因遠見嬋娟色欲思女貞子采作山中蕨只道女貌豔如花誰知女心介於石眼前白水是同心相去舟中祇咫尺拚將一死報夫君躍入湖波忽焉沒他時太史採遺風巍巍應樹貞烈碣吁嗟

乎丈夫已鮮不二心女子猶守從一則鴛鴦爲魂石爲魄
始知天地正氣不鍾鬚眉鍾巾幗

舜江晚渡　王琖

夾岸青山江水肥渡頭暝色上征衣春潮暗落海門遠涼
雨初來津樹微柔櫓一聲驚雁過短篷三尺逐鷗飛半邊
紅處炊烟外指點靈祠孝女扉

陳星橋殉難詩　宋杰

官兵畏賊賊如虎官兵見賊兵如鼠賊未來兵先走古虞
之城兵不守守令茫茫坐束手古虞之城爲賊有先生眞

氣塡戶牖先生義憤貫星斗大聲一呼起義兵七百湖民屯湖口賊入湖紛如蟻衆寡不敵勢難恃先生不屈赴河死身受刀瘢四十處沒齒詈罵終不止先生舊是儒家子不信臨難勇若此君不見丈八蛇矛左右盤古有陳安稱節士

宋烈婦墓　宋　杰

越女王貞婦淸風之嶺右（元兵入浙王貞婦被執至淸風嶺投崖而死）宋婦墳頭靑草柔淸光輝映淸風後（一解）彼美顏如玉可死不可辱多少香閨中（邑中婦女殉烈不可勝紀）陰郎何須哭（二解）巾幗之中

有丈夫鬚眉丈夫愧不如月落山頭草平湖夜夜夜臺泣
遺孤三解　四尺墳一坏土婦命絶兮身不汚婦身死兮名
終古四解

哭錢蓉塘　宋杰

聞道形勞案牘餘衙齋無日得安舒來書云閩中宦況如墮火坑回念家鄉與諸同好酒賦琴歌不復得矣一官畢竟非君意兩月前猶寄我書身陷
沙場餘戰骨遇害時其僕見之越日僕以瓦礫木石掩其屍次年覓屍載歸予爲卜其兆葬于蘿巖山下魂歸故里亦荒墟舊廬邑東門外辛酉之亂盡被燒燬寒窗珍重藏遺稿
幸不叢殘飽蠹魚諸著述隨帶閩中惟古文子手錄數篇尚存

感事錄四　徐虔復

軍書日夜走明駝，萬戸蒼生自枕戈。不信天心寵盜賊，偏教地勢失關河。金銀氣盡財生刦，水火妖興道入魔。多少防邊名將在，可能兵略數廉頗。

帝德光天冒海隅，干戈何意起萑苻。朝廷自下蠲除詔，胥吏猶催助役租。案牘苞苴官定價，營門燈火妓呼盧。遂令一片桑麻地，都染陰山碧血枯。

頻年戎馬困黃巾，況復妖星近紫宸（賊由山西竄入直隸保定戒嚴）。萬姓瘡痍勞聖主，九原風雨泣孤臣（謂林文忠公）。鷹揚上將張

天步龍武新軍靖塞塵（僧王調蒙古兵入衛）繡黻袞裳初奉　命勳
猷應與大名新（惠親王佩奉　命大將軍印督師）
寒聲獵獵戍旗風戰伐千家野哭同離亂光陰勞我輩昇
平事業望羣公側身天地兵戎際回首江山涕淚中惆悵
英雄髀肉感願持長劍倚崆峒

山莊示玉皐　閨秀　徐吉安

君志能高蹈荆寒亦解顏豈同鹽白水願共買青山異鳥
賞窺戶高人自掩關呼雲溪亦應好共賦潺湲

爲父老召試擣藥寄京　徐昭華

江北望迢迢丹成寄去遥長安久已凍仙掌露堪調

癸酉八月逆匪據滑縣琳兒奉檄隨勦寄詩勉之

張淑蓮

欃槍橫射天狼紫羽書夜渡黃河水繞野旌旗甲帳開白日無光戰塵起　聖朝威武薄海揚蠢茲小醜遽跳梁豈但當車笑螳臂直以餓蟲投沸湯黃金印大須經畧超越鄂褒淩衛霍鐵騎橫戈捲地來虎頭飛將從天落念爾捧檄歌從征遠望烽火心憂驚想見營門秋月苦刁斗徹夜籌軍情男兒立身重經濟作忠移孝書生事敢戀思親陟

屺懷遂忘報國同仇義早晚甘泉奏捷書歸來慰我倚門閭蒼生更賴　君王福綠草春皐帶雨耡

己卯秋送琳兒分校沐闈　張淑蓮

聖代金門闢詞臣玉尺懸勉兒分校閱爲　國選才賢華實收須廣醇竒取莫偏應知寒士苦燈火望三年

夫子黜楚從戎轉瞬歲序一更因寄以詩　謝　氏

從戎自古說艱辛況復馳驅歲月增甲帳是黜還是楚燈前屈指總無憑

新春扶病送君行冬仲思君病又生一紙家書無別話平

安兩字慰離情

誌痛　俞芳蘭

此身敢說不分明花燭雙頭忽變更寸斷愁腸羞墮淚咫移倦步怯呼卿耒窺郎面疑肥瘠合巹日夫已病革小姑代拜已矢吾心一死生贏得他年好同穴相隨泉路亦錚錚

感亡妹小珍　宋彩華

林梢月落夜三更獨坐空庭百感生風天海棠春不管可憐費盡杜鵑聲

樂天齋為俞木題　方外智輝

鬧市有閒居翛然意自如日華屏麗景風韻案鑯書隔岸
荷香繞前林樹色餘樂天知足者必共古人舒
軍中作石銘邑車氏子早歲從軍隸平西麾下後見平西有異志遂亡入南海爲僧
壯夫腸熱不知寒遠堠烽烟躍馬看日暮雁門關外路朔
風吹雪滿雕鞍
訪周季文於深隱菴釋源潤
一到幽深處烟雲始漸開泉香秋色滿山靜鳥聲來不問
菴中事惟題石上苔研硃新月下黃葉我初裁
題朱孝子廬墓記夢覺

天倫自古重親親生事何如死事眞力建危橋完父志暗
償遺債恤兄貧蚊飛宿草雷盈耳蟒避深山穴固身念我
劬勞無補報空門回首淚沾巾

上虞縣志校續卷四十六　　文徵内編四

紹興大典　◎　史部